한 권으로 끝내는
상속의 모든 것

소중한 재산과 가족 모두를 지키는 위대한 상속 플랜

한 권으로 끝내는 상속의 모든 것

초판 1쇄 인쇄 2018년 4월 6일
초판 1쇄 발행 2018년 4월 16일

지은이 서건석

발행인 백유미 조영석

발행처 (주)라온아시아
주소 서울시 서초구 효령로 34길 4, 프린스효령빌딩 5F

등록 2016년 7월 5일 제 2016-000141호
전화 070-7600-8230 **팩스** 070-4754-2473

값 13,800원
ISBN 979-11-89089-06-1 (03320)

이 도서의 국립중앙도서관 출판예정도서목록(CIP)은 서지정보유통지원시스템 홈페이지
(http://seoji.nl.go.kr)와 국가자료공동목록시스템(http://www.nl.go.kr/kolisnet)에서 이용하실 수 있습니다.
(CIP제어번호 : CIP2018010749)

라온북은 독자 여러분의 소중한 원고를 기다리고 있습니다. (raonbook@raonasia.co.kr)

한 권으로 끝내는
상속의 모든 것

소중한 재산과 가족 모두를 지키는 위대한 상속 플랜

서건석 지음

RAON
BOOK

머리말

당신에게 상속 공부를 권하는 이유

오랫동안 금융인으로 종사해오며 꼭 하고 싶은 말이 생겼다. 고객과 재무 상담을 하다 보면 우리가 미처 의식하지 못한 사이에 '진정한 삶의 내용'을 놓치고 있는 것은 아닌지 안타까운 마음이 든다. 어느새 돈이 떡하니 가장 높은 자리를 차지하고 있다. 우리는 부지불식간에 돈의 진정한 의미를 잊거나 때로는 의도적으로 외면하기도 했다.

현대를 사는 기성세대는 모두가 너무 바쁘다. 그들은 지금까지 온몸을 바쳐 일했고, 그 힘으로 가족을 지켜왔고 사회의 기둥이 되어 세상을 떠받치고 있다. 이 시점에서 무엇이 우리에게 진정 필요한 상속인지를 점검하고 진정한 삶의 가치를 이야기해보고자 한다. 당장 닥친 일이 아니더라도 상속에 대해 생각해보는 여유와 사치를 부려보면 어

6 　　한 권으로 끝내는 상속의 모든 것

떨까 한다.

　상속이라고 하면 10명 중 9명은 자신과 관계없다고 생각한다. 그간 상속을 돈의 규모에 관한 문제로만 인식해왔기 때문이다. 상속에 관해 이야기 나눌 시간과 계기가 부족한 탓도 있다. 이 책을 통해 상속세와 상속 관련 기초 지식을 쌓기를 바란다. "집 한 채만 있어도 상속 준비가 필요하다고 한다"고 한다. 과연 그럴까? 사실이다. 그렇다면 집 한 채도 없는 나는 상속과 상관이 없는가? 그렇지 않다. 집이 있든 없든 재산이 많든 적든 상속을 빼놓고 우리 삶을 이야기하기 어렵다.

　상속의 재산 문제만 다루려 했다면 이 책을 쓰지 않았을 것이다. 재산의 흐름과 사용에 관한 정보, 우리 삶에서의 진정한 상속의 의미, 행복한 '상속'의 과정에 대해 말하고자 한다.

　'소중한 재산과 가족 모두를 지키는 위대한 상속', 앞세대가 가지고 있는 인생의 지혜를 다음 세대에게 잘 물려주는 것이 내가 생각하는 상속이다. 가족의 행복, 인간관계, 정신, 물질 등에 관한 지혜들이 어우러져 든든한 바통 역할을 해야 한다. 상속할 것이 없다고 말하지 마라. 만일 없다 해도 반드시 만들어내야 하는 것이 우리 모두의 소명이다.

나는 언젠가 결혼반지에 박힌 다이아몬드를 잃어버린 적이 있다. 그때의 허탈감은 이루 말할 수 없었다. 비록 작지만, 의미가 있는 소중한 반지였기에 너무 안타까운 마음이었다. 어쩌면 우리 삶에는 이보다 중요한 것이 훨씬 많을지도 모른다. 혹시 무감각하고 둔감해져 있는 것은 아닐까?

진정한 상속. 이 책의 마지막 장을 덮으면서 독자가 가질 새로운 관점이 상속을 생각하면 마음이 설렌다.

상속세 절세 방안을 들여다보면 하루아침에 절세가 이루어질 수 없음을 깨닫는다. 최소 10년 이상 공을 들여야 한다. 10년이면 강산도 변한다는데 가족도 하나로 뭉치는 변화가 있어야 한다. 상속세 분야는 너무 방대해 도저히 한 권으로는 쓸 수 없다. 세금과 절세 방안에 어마어마한 경우의 수가 있기 때문이다. 그런데도 집필에 도전한 것은 우리의 삶에 존재하는 '사랑'을 믿었기 때문이다. 그래서 용기가 생겼다. 사랑은 우리가 물려주어야 할 최고의 선물이다.

재무 업무를 하는 사람이 쓴 책이니만큼 독자 여러분이 절세 방향을 찾는 데 도움이 될 것이라 믿는다. 실질적인 절세 효과를 보려면 전문가의 도움을 받아야 할 것이다. 하지만 주도적인 결정과 방향을 선택해나갈 리더는 이 시대를 살아가고 있는 바로 당신이다. 행복을 향해 삶의 방향을 진두지휘하며 위대한 상속을 이어나갈 모두의 건투를 빈다.

상속에 대한 새로운 인식을 기대하며

서건석

차례

1장

상속, 지금 준비하지 않으면 가족의 위기가 찾아온다

100세 시대,
그러나 준비되지 않은
죽음이 곳곳에 도사리고 있다

2017년 여름, 각종 언론은 부산 기장 의료 단지 확정에 대해 중요하게 다루었다. '의료 단지는 알겠는데, 중입자 치료가 도대체 뭐지?' 하고 생각한 사람도 있을 것이다. 이것은 탁월한 암 치료법이다. 중성자, 중입자 치료 방법은 '꿈의 암 치료기'로 불린다. 하지만 아쉽게도 국내에서는 불가능한 고가의 치료다. 이 치료를 원하는 환자들은 일본이나 독일 등 다른 나라로 가서 치료를 받아야 한다.

우리나라에서는 국립암센터와 삼성서울병원에서 효과가 좋다고 소문난 '양성자 암 치료'를 받을 수 있다. 그런 점에서 부산 기장에 세워지는 의료 단지에서 중입자 치료가 가능하다는 것은 희소식이다. 중입자 치료는 췌장암 말기 환자가 3번의 치료로 완치될 만큼 좋은 예후를 보였다고 한다. 의료 기술의 발전은 상상할 수 없을 정도로 빠르게 현실로 나타나고 있다. 4년 정도 지나면 1,000억 원이 훌쩍 넘는 중입자 가속기도 국내에서 어렵지 않게 접할 수 있을 것이다.

의료 기술이 맹렬한 속도로 발전 중이다. 100세 시대를 넘어 120세 시대가 머지않아 도래할 듯하다. 그러나 영원한 삶은 없다. 탄생처럼 죽음도 필연적이다. 우리는 막연히 자신은 '오래 살 수 있다'고 믿는다. 의지로 되지 않는다는 것을 잘 알면서도 말이다.

현대인은 특별한 질병이나 사고가 없으면 대체로 80세 이상까지는 산다. 인구 중 1,000만 명이 80세 이상으로 세계 최고령 장수 국가인 일본은 우리보다 앞선 고령화 사회로, 일본의 사회 모습에서 상속 준비의 중요성을 발견한다. 상속 준비 없이 사망한 노인의 재산을 두고 가족 간의 분쟁이나 해체 등이 벌어지기도 한다.

우리나라는 2017년 고령 사회에 진입하였다. 이에 따라 재산 상속, 재산 이전에 관한 문제가 늘어나고 있다. 상속은 누군가의 일이 아니라 바로 나의 일, 우리의 일이다.

상속에는 상속세가 중요하다. 상속세에 얽힌 문제는 복잡하고 다양하다. 하지만 사실은 아주 간단히 풀릴 수 있다. 재원을 준비해 상속세를 내면 끝이다. 상속세를 낼 준비가 되어 있지 않다면 전문가와 함께 방안을 고민하며 풀어가면 된다. 즉 실타래를 풀듯이 상속 문제를 하나하나 풀어가는 과정을 지속하면 된다. 물론 그 과정에서 가족도 함께 머리를 맞대야 한다.

재산 상속보다 더 중요한 것이 '정신', 즉 철학과 가치관의 상속이다.

우리가 진정 소중하게 다루어야 할 가문의 정신 상속이란 무엇인가? 어디에 무게 중심을 두어야 할까? 우리의 자녀와 다음 세대를 위해 내가 무엇을 해야 하는지 냉철하게 생각해보자.

상속은 반드시 준비해야 한다. 이것은 전적으로 자신의 책임이다. 고객과 상담해보면 "의료 발달로 건강하게 장수할 텐데 벌써 죽음을 준비해야 하나?", "아직 때가 이르다", "천천히 준비하면 된다" 등의 반응을 많이 접한다. 대부분 상속에 대해 대수롭지 않게 여기고, 나중의 문제로 넘기고 싶어 한다. 내가 고객에게 "상속 준비를 해야 한다"고 말을 꺼내면 "나보고 빨리 죽으라는 거냐"며 불쾌하게 여기는 사람들도 있다. 하지만 생각해보자. 100세 부모에 70세 자녀는 흔해진다. 지금은 신구 세대가 같이 늙어가는 '노노老老 시대'다.

사실 더 큰 문제는 장수 시대가 안이한 생각을 갖게 한다는 것이다. 인생을 너무 길게 생각하고 무장 해제 상태로 여유있다고 생각하는 사람이 많다. 장수하면 좋겠지만, 갑작스러운 상황이 닥치더라도 지혜롭고 행복하게 물려주도록 준비되어 있어야 한다. 진정으로 균형 잡힌 상속을 위해 실행할 수 있는 일들을 하나하나 짚어보고, 작은 것부터 차근차근 실행해나가면 좋겠다.

나는 약 8년 전부터 요양원 봉사를 가고 있다. 그곳에서 지내는 90~100세 노인 중 상당수가 치매 환자라는 사실은 정말 놀랍다. 70대의 딸과 90대의 어머니가 함께 지내기도 한다.

오래 사는 것은 감사한 일이다. 하지만 육체적으로나 정신적으로 건강하지 못하다면 여러 어려움을 겪는다. 건강하지 않으면 자녀에게 제대로 재산을 물려주거나 가문의 정신을 일깨워주기 어렵다. 오히려 자녀에게 보살핌을 받아야 한다.

우리는 미루는 것에 익숙하다. 고령화 시대니까, 오래 사니까 더 아무렇지 않게 미룬다. 요양원에서 오래 산다고 해도 자신의 의지에 따라 방향을 잡을 수 있는 시기는 제한적이다. 학생들이 공부하는 데도 시기가 있듯이 삶의 방향을 다져놓는 일도 다 때가 있는 것이다. 봄에 씨를 뿌리고 가을에 수확하는 것과 같은 맥락이다.

지혜롭고 존경받는 어른으로서 옳은 결정을 하기 위해 고민하고 방법을 찾으려는 부단한 노력이 필요하다. 먼저 이런 큰 계획의 단초를 열고 이끌어야 할 당사자는 응당 집 안의 어른일 수밖에 없다.

증여 상속의 효과적 이전에는 적어도 10년 이상의 기간이 필요하다. 상속 개시일 10년 내 증여된 자산 등의 재산 움직임에 대한 내용들은 향후 상속 재산에 다시 합산되어 상속세의 과표가 되기 때문이다. 기업을 승계할 때도 마찬가지다. 2018년 1월 1일부터 가업 상속 공제를 위한 사업 의무 기간이 20~30년으로 더 길게 연장되었다.

승계를 위한 절세 전략을 실행하려면 긴 시간이 필요해졌다. 평생을 일군 회사를 잘 이어가 든든히 세우려면 후계자를 양성하고, 이에 대한 전략을 세우는 등 다양한 방법을 준비해야 한다. 그리고 상속세 문제를 풀어야 한다.

상속세는 자산의 반 이상을 내는 무거운 세금이다. 무거운 것은 조금씩 나누어 긴 시간을 통해 이동하는 전략. 즉 자산의 분산을 통해 가벼운 상태로 만들 수 있다. 분산 전략이란 가족에게의 자산 이전과 더

한 권으로 끝내는 상속의 모든 것

불어 사회도 돌아보면서 조금씩 나누는 것을 말한다. 병목 현상을 생각해보자. 한꺼번에 많은 쏠림으로 이동하기보다는 여유의 시간을 가지고 하나하나 움직이면 모두 잘 통과할 수 있다. 상속세의 절세 전략은 바로 그것이다. 마음을 내려놓고 사회를 돕고 자본의 분산을 위해 노력한다면 충분히 절세할 수 있다.

상속이란 돈에 관한 것만 말하는 것은 아니지만, 상속세 등 '부의 이전'에 관한 세금이 높으니 재산 상속은 간과할 수 없는 중요한 화두다. 재산 상속이 잘못되면 대를 이어 부채를 상환하게 되거나 세금을 갚기 위해 전 재산을 팔아야 하는 일도 생긴다. 상속에 관한 이야기를 하면 예나 지금이나 들려오는 말은 똑같다. "나와는 상관없이 부자들이 신경 써야 하는 거 아닌가요?"라고 입을 모아 말한다.

과연 그럴까? 만일 자신이 물려줄 재산은 없고 빚만 남아 있다면 재산은 상속되어 자녀가 빚을 갚아야 한다. 아니면 상속을 신고하지 않았다가 어마어마한 증여세를 내게 될지도 모른다. 이것은 상속과 세금에 대한 이해가 있어야 하며, 재산의 유무를 떠나 평소 이에 대한 공부가 필요하다는 것을 알려주고 있다. 그만큼 상속세에 관한 기본 지식을 알고 있어야 한다.

상속은 부자들만 알아야 하고 고민하는 것이라고 더는 외면하지 말기를 바란다. 상속은 관점에 따라 세금의 문제이기도 하지만, 체계적으로 준비하면 가문의 화목을 물려주는 보물 상자가 될 것이다. 당신은 가족과 함께 머리 맞대고 풀어나가야 한다.

재산 상속 이전에서 더욱 중요하고 가치 있는 자산은 '가족의 정신'

이다. 정신과 재산은 균형 있게 다음 세대에게 상속되어야 한다. 배가 한쪽으로 기울듯 재산 문제에만 치우친다면 가족 관계와 자산 이전에 어려움을 겪는다. 당신이 가진 집 한 채라도 관리가 제대로 되지 않으면 상속세 문제로 싸우거나 이마저도 없어질 수 있다. 우리는 살면서 집 한 채 장만하고 든든한 노후 자금을 쌓으려고 노력한다. 자본주의 사회에서는 나의 의지와 무관하게 시간에 비례해 가치가 오르거나 자산이 불어나기도 한다.

당신은 다음 세대가 힘들지 않도록 상속을 공부해야 한다. 우리가 준비한 지혜는 다음 세대에서 꽃피우거나 사그라질 수 있다. 부모는 어느 정도 안정된 삶을 살았다고 하지만 자녀 세대에서 감당하지 못할 일이 생길 수도 있다. 그들이 행복한 삶을 영위할 수 있도록 당신이 반드시 도움을 주어야 한다. 그것이 바로 '상속'의 역할이다.

65% vs 0%. 이 숫자는 한국과 상속세 없는 나라와의 대비다. 홍콩이나 싱가포르, 호주 등 상속세가 없는 나라도 있다. 우리나라의 상속세는 지극히 높다. 한국 기업의 최대 주주(최대 주주 주식은 50%에서 15% 추가)의 가업 상속 최고 세율은 65%다. 이 때문에 한국 기업의 운명은 상속세율에 달려 있다. 몇몇 기업인들은 세금을 줄이려고 전문가를 동원하여 절세처럼 보이는 탈세를 자행한다. 이 와중에 국회에서는 가업 승계 공제 기간을 연장하고 법인세를 증가시키기로 했다. 국민이 세금을 더 부담하는 방향으로 가고 있는 것이다.

자산 관리를 하는 나는 재무, 금융, 세금, 절세, 상속, 증여, 자산, 가

한 권으로 끝내는 상속의 모든 것

업 등 경제 경영서를 읽는 것이 취미다. 외국의 세금이나 글로벌 금융 상품에도 관심이 많다. 세금이나 금융 상품은 그 나라의 상황과 문화를 바탕으로 개발되고 있다. 특히 상속세 및 증여세는 자본주의의 단점을 보완한다. 기업의 수익을 사회에 베풀어야 하기 때문이다. 개인이나 기업의 재산 증식에는 그들만의 노력이 아닌 사회가 기여한 부분도 있다고 본다.

복지가 안정된 선진국은 상속세가 없기도 하다. 기업 성장을 지원하려고 상속세를 없애는 나라도 있다. 우리나라에서 100년 이상된 기업은 손가락에 꼽는다. 이는 우리나라가 전쟁을 치러 어려운 시기를 지나왔기 때문일 것이다. 몇 세기가 지나면 우리나라도 상속세나 증여세가 의미 없는, 복지 국가가 되리라고 믿는다. 그러나 현대를 살아가는 우리는 개인과 사회에게 의미 있는 승계를 할 수 있도록 상속을 제대로 준비해야 한다.

최근에 들려온 소식 중 운전하다 심근경색이 발생해 추돌 사고로 사망한 배우의 일은 참으로 안타깝다. 이런 일은 일어나서는 안 되지만 누구나 겪을 수 있는 사고다.

우리에게 이와 같은 갑작스러운 일이 발생한다면 어떻게 될까. 만일 경영주에게 이런 일이 일어나면 승계자 및 경영 문제, 가족 갈등, 세금 문제 등 어마어마한 문제가 현실로 몰려온다. 가족들은 슬픔이 채 가시기 전에 이 같은 문제들을 해결해야만 할 것이다.

'상속 계획은 나이 든 노인들의 영역으로 죽기 전에 준비하는 것'이라는 생각은 큰 오산이다. 우리 모두 지금부터 상속 계획을 시작해야 한다. 준비할 수 있을 때 철저히 준비하는 것 말고는 다른 대안이 없기 때문이다.

우리의 삶은 빠르게 지나가고 있다. 그럼에도 우리는 멀리 내다보고 방향을 설정해 실행을 도울 수 있는 관련 전문가와 상속 계획을 검토하면서 실행해야 한다. 국세청에 따르면 우리나라의 상속세 신고세액은 해마다 늘고 있다. 그러나 전체 국가 세수와 비교하면 2% 내외로 매우 적은 수치다.

우리는 예상하지 못한 상속세 때문에 걱정하게 만드는 대신 가족 관계, 가족 문화, 승계가 잘 이루어지도록 꾸준히 방향을 잡아야 한다. 상속의 핵심은 재정적 문제 때문에 가족을 다치지 않게 하는 것이다. 다시 한 번 강조하지만 상속을 준비할 수 있는 때는 따로 있다.

우리는 모두 언젠가 인생의 마침표를 찍어야 한다. 사랑하는 가족, 집안, 기업을 위해 전력을 기울여왔다. 우리가 가족과 사회에 좋은 회사를 물려주고 존경받는 가문으로 이어지려면 시간과 노력을 충분히 들여야 한다. 상속과 증여의 최고 세율을 걱정하기보다 가족과 함께 의논할 시간표를 짜고 있지 않음을 더 두려워하라.

상속세가 아닌 '상속'을 준비하는 현명한 세대가 되기를 바란다면 지금 시작하라. 상속은 아름다운 것이다. 내가 가진 것을 평가하고 소중한 것은 물려주어 다음 세대로 이어지는 행복한 일이다. 우리는 물질적인 재화만을 떠올리는 대신에 진정한 '상속'을 계획하고 준비해야 한다. 상속을 준비하기 가장 좋은 때는 바로 '지금'부터다.

한 권으로 끝내는 상속의 모든 것

연간 상속 분쟁 관련 소송 수만 건, 나는 열외일까?

다음은 최근 뉴스에 보도된 재산 분쟁 사례다. 법정 지분별로 협의 상속을 진행하던 중에 아들의 터무니없는 요구로 소송이 제기되었다. 아들은 재산 증식을 위해 자신이 노력한 부분을 참작해 지분의 30%를 먼저 떼어달라고 했다. 어머니는 아버지와 함께 가정에 충실했던 자신이 지분을 더 받아야 한다고 주장했다. 재판부는 어머니의 기여 분에 대해 20%를 인정하고 이를 뺀 재산을 법정 지분만큼 나누는 판결을 내렸다. 가족이 분개한 이유는 아버지 생전에 아들이 이미 사전 증여를 받았기 때문이다. 법은 냉정하게 재산을 나눈다. 개인은 물론 대기업 재산 분쟁 소송은 수십 건에 달한다.

"재산이 많은 것보다 아예 없는 것도 괜찮을 듯합니다."

최근 상담한 한 법인 대표의 푸념이다. 재산에 관한 분배는 두부를 자르듯 결정하기 쉽지 않은 사안들이 많다. 상속 재산이 많거나 연관된 가족 관계가 복잡하면 분쟁이 커지기도 한다. 가족 구조가 점점 복잡해지는 추세도 상속 분쟁의 원인이다.

병원에 부모님이 입원하셨다고 예를 들어보자. 여유가 있는 집 안이라면 자산 분배 이야기가 나올 수도 있고, 재산이 없는 경우라면 값비싼 병원비로 자녀 간의 다투는 소리가 심심찮게 들릴 수도 있다. 어느 누구도 무엇이 옳고 그른지 논하기 어려운 현실이다. 과연 우리는 이에 대해 준비할 수 없을까?

"5,000만 원이 있는 사람도 싸우지만, 1,000만 원이 있어도 싸우는 경우가 허다합니다!"

얼마 전 상속 전문 변호사와의 미팅 때 들은 이야기다. 그 변호사는 분쟁이 금액의 크고 작음에 따라 일어나지 않는다고 강조했다. 나 역시 현장에서 이런 일을 매우 많이 접한다.

부모 살아생전에 풀지 못한 자녀 각자의 감정은 돈보다 앞서 사후 감정 싸움이 시작된다. 그래서 부모가 "나 죽으면 알아서 해"라고 내뱉는 말은 틀렸다. 자녀는 대부분 알아서 하지 못하며, 부모가 없으면 예상하지 못했던 문제들이 극명하게 드러나기 시작한다. 돈이 마치 우리의 종점인 듯한 결말이 나서야 되겠는가. 가족이 '행복하게' 잘살면 자신의 감정을 돈으로 포장해 거짓으로 주장하지는 않을 것이다.

서울가정법원 자료에 의하면, 상속 재산 분할 사건이 2011년 154건에서 해마다 20% 이상씩 증가하여 2016년에 1,200건이 넘은 것으로 집계되었다. 특히 2017년 상반기에 680여 건의 상속 재산 분할 청구 소송이 진행되었다. 상속 관련 소송까지 모두 합하면 일반 재산 분할 및 상속 분쟁 관련 소송은 총 3만여 건이나 된다.

상속에 대해 '이미 어쩔 수 없다'고 마음의 문을 닫고 포기하지 말자. 각자의 이해관계를 뒤로하고 마음을 열어보자. 가족애를 떠올리고 소통을 시작해보자. 이 세상에 혈육은 가족뿐이다. 큰 비용과 시간을 들여가며 서로의 상처를 덧나게 하고 가족 관계를 깰 필요는 없다. 한 번뿐인 삶의 나날들을 허비할 것인가? 이런 것을 한 번쯤 꼭 짚어보고 훗날의 후회를 피하기를 바란다.

내가 어렸을 때만 해도 성대한 회갑 잔치는 필수였다. 최근 들어 회갑 잔치 한다는 소식이 급격히 줄어들었다. 잔치한다는 연락이 오면 뜻밖이라고 생각하는 세상이다. 아니면 부담을 느끼며 욕하는 사람들도 있다. 수명 연장의 꿈이 달성되어 평균 수명이 80을 훌쩍 넘어 90세를 바라보는 시대다. 그와 더불어 새로운 가족 관계 유형도 많이 등장하고 있다. 가족에 대한 가치관도 많이 변하는 것 같다.

통계청 발표에 따르면, 2016년 28만 1,600쌍이 결혼하고 10만 7,300쌍이 이혼했다고 한다. 이혼과 재혼 과정에서 배우자는 자녀 양육권 문제와 더불어 재산 분배 갈등이 대폭 증가하고 있다. 재무 상담을 하면서 재산 분배 관련 고민을 호소하는 분들도 더러 있다. 이때 나는 서로의 입장을 주장하기보다 존중과 배려가 필요하다고 조언한다.

상속 순위

순위	대상	비고	법정 상속분 (비율)	유류분
1순위	배우자와 직계 비속	–	(피상속인의 배우자만) 배우자 1.5 : 각 상속인 1	법정 상속 분의 ½
2순위	배우자와 직계 존속	직계 존속은 직계 비속이 없는 경우 상속인이 됨		법정 상속 분의 ⅓
3순위	형제자매	1순위, 2순위 상속인이 없는 경우 상속인이 됨		법정 상속 분의 ⅓
4순위	4촌 이내의 방계 혈족	1순위, 2순위, 3순위 상속인이 없는 경우 상속인이 됨		유류분 청구 불가

물론 어렵지만 말이다.

실질적 상속인 순위와 법정 상속분은 상속의 가장 기초적인 지식이다. 이것을 위의 표와 같은 형태로 정리했다.

상속인은 가까운 혈통을 기준으로 한다. 예외로 입양 등의 서류상 가족도 똑같은 상속분을 유지한다.

상속 소송은 유류분에 대한 재판을 한다는 것이다. 유류분 청구란 법정 상속 비율만큼 받지 못하거나 유언 등으로 자신이 상속에서 배제될 때 청구 가능한 법적 제도다. 이 제도는 1979년, 민법 개정으로 여성 등 약자를 보호하기 위해 생겼다. "너희가 알아서 나눠 가지라"고 막연하게 상속하면 약자들은 자신의 주장을 내세울 수 없기 때문

한 권으로 끝내는 상속의 모든 것

이다. 이에 대해 법적으로 배우자를 배려하여 이후 생활에 대한 재산을 배정하여 보호해주는 것, 몸이 아프거나 상황이 어려운 가족 구성원, 여성 등을 배려한 것이 법정 지분이다. 우리의 탐심을 막기 위한 법의 관여이기도 하다.

열 손가락 깨물어 안 아픈 손가락 없듯이 부모 마음은 다 같으니 동등하게 배분해야 한다.

상속 재산에 대한 분할 순서는 아래와 같다.

① 유언대로 진행

② 상속인들의 합의로 협의 분할(단 1명이라도 반대하면 성립되지 않음)

③ 법정 지분대로 협의하여 분할

④ 위의 3가지가 안 되면 법정 분할

우리나라 법은 상속인의 범위, 법정 상속분, 유류분에 대한 지분 등 일정 기준이 정해져 있다. 미국 등 여러 나라에서는 피상속인의 유언을 통해 마음대로 상속할 수 있기도 하다. 이러한 다른 나라의 상속으로 분쟁이 더 많을 듯한데 오히려 그 반대다. 우리나라와 문화와 정서 차이가 있겠지만 곰곰이 생각해볼 문제인 듯하다.

만일 복지 단체에 기부한다는 유언장이 있어도 상속인들이 소송을 걸면 우리나라 법은 상속인의 손을 들어준다. 따라서 생전에 가족과의 소통과 삶의 나눔이 공유되어야 뜻대로 결정될 수 있고 원하는 결과를 소통하고, 얻는다. 기업 관련 분쟁도 내용은 거의 같을 것이다. 회사 대표가 자녀에 대해 편애하고 있다면 분쟁의 크기는 복잡해진다. 또 갑작스러운 상속 개시로 지분 및 기타 재산에 대한 대비가 없다면 잠재된 문제가 드러나 가족 분쟁의 길로 향하게 된다.

상속 문제로 가족과의 관계가 틀어지면 소송을 하든 하지 않든 마음은 힘들어져 우울증이나 죄책감 등의 상처가 생긴다. "돈 나고 사람 났나, 사람 나고 돈 났지"라는 옛말이 있다.

「한경머니」 글로벌리서치 설문 조사(600명 대상, 2017년 8월)에 의하면, 상속 문제로 가족 관계에 갈등이 일어날 것 같으냐는 물음에 54.5%, 즉 절반가량이 그렇다고 응답했다고 한다.

누구든지 유류분 소송을 진행하기로 하기까지 수많은 고민이 있었을 것이다. 부모는 이런 상황을 막기 위해서라도 재산에 대한 안배를 미리 생각해야 한다. 유류분에 해당하는 만큼 증여를 하는 것도 분쟁을 막는 지혜다. 하지만 이러한 단순 계산으로 해결되지 않는 경우가 더 많다. 상속 분쟁을 두고서 누가 옳고 그르냐를 규정하기란 매우 어렵다. 가족 간의 분쟁을 계획하는 사람은 누구도 없을 것이다. 부모가 상속 준비를 잘해놓아도 자식끼리 분쟁이 일어나는데, 하물며 준비되지 않거나 미흡하다면 어떻게 될지 끔찍하다.

우리는 자산을 불리는 것보다Growth 잘 물려주어Transfer 우리 아이들이 누릴 행복에 관심을 둬야 한다. 이는 사회적 인식으로나 상담 사례를 봐도 절대적으로 부모 세대가 해결의 열쇠를 가지고 있다.

우리는 어른으로서 자녀에게 가문의 아름다운 정신을 물려주고, 재산을 상속하는 일을 항상 생각하고 준비해야 한다. 이 역시 오랜 시간이 필요하다. '말 안 해도 다 이해하겠지', '어떻게 되겠지'라는 막연한 생각이 개인과 가족, 회사까지 붕괴하게 하는 도미노 과정을 만든다.

나의 권리를 내려놓으면 때로는 다른 권리를 찾게 되는 결과를 얻기도 한다. 그때는 몰랐지만 시간이 지날수록 고개가 끄덕거려진다. "인생, 뭐 있어?" 하던 친구 생각이 난다. 나는 인생, '뭐' 있다고 생각한다.

가족 분쟁으로 상속의 길이 슬프지 않기를 바란다. 돈은 벌면 된다. 하지만 피를 나눈 가족은 만들거나 살 수도 없다. 분쟁은 비극을 부른다. 두산그룹 故 박용오 전 회장은 동생 박용성 두산중공업 회장에게 회장직을 넘긴 뒤 검찰에 그룹의 경영 현황을 비방했다. 형제끼리 진흙탕 싸움이 벌어졌고, 결국 두산 가문에서 제명된 박용오는 2009년, 자살을 택했다.

피는 물보다 진하다. 혈육은 우리를 이어주는 가장 소중한 것이다. 그 관계를 돈으로 저버리지는 말자. 돈은 피보다 진하지 않기 때문이다.

충주 과수원집 남매의
상속 분쟁

주위의 사례를 살펴보자. A씨는 아주 큰 과수원집 딸이었다. 어머니가 세상을 떠나자 자녀 딸 A씨는 오빠인 아들 B씨를 상대로 유류분 반환 청구 소송을 했다. 남매가 재산 문제의 다툼으로 남남이 되었다. 누구나 겪을 수 있는 상속 분쟁의 아픔을 재구성해보았다.

내가 젊은 때, 시대는 일제 강점기였다. 그때는 먹거리나 정신이 풍성하지 못했다. 늘 억압받고 가난했던 시절이었다. 나는 힘들게 살았지만 가정을 이루고 자녀가 생기면서 풍족하게 살아보리라 결심했다. 임신 소식을 들었을 때의 설렘, 아이들이 세상에 태어나는 모습을 보았을 때의 감격으로 하루하루가 참 행복했다. 나는 부자는 되지 못하더라도 나의 가난을 물려주지 않으리라 굳게 다짐했다. 우리 자식을 굶게 하지는 않겠다고 말이다. 그런 마음으로 아이들이 성장하는 모습을 보면서 열심히 살았다.

모두가 쌀농사를 지을 때 가진 것이 없던 나는 허름한 산을 사서 과수원을 시작했다. 당시 개간하지 않은 산들은 논밭보다 저렴했다. 우리 부부는 욕심부리지 않기로 약속했다. 사과나무를 한 그루씩 심어가면서 재밌게 살았다. 산 깊숙이 들어와야 우리 집이 자그맣게 보였다. 과수원이라 부르기에 너무 거창한, 사과나무 몇 그루 심어놓은 동산 정도였다. 나무가 나의 모든 것이었다.

고맙게도 나무들이 조금씩 늘어갔고 아이들도 잘 자라주었다. 내가 정성을 쏟은 만큼 사과와 복숭아가 품질이 뛰어나고 맛이 좋다는 소문이 났다. 그 과일값으로 논과 밭을 샀다. 대단하지는 않지만 돈 걱정 하지 않고 살게 된 것만으로 감격스러웠다. 이제는 이웃들에게 베풀며 살 수 있는 것이 기뻤다. 나름 성공한 인생이라고 자부했다.

간혹 나한테 동네 어른들이 지나가듯 한마디씩 던졌다.

"과수원 잘 지키라고 아이들 불러다 이야기 좀 해."

세월 앞에 장사 없다더니 남편이 먼저 세상을 떠나고 나 또한 기운이 쇠약해져 이것저것 관리하는 것이 힘들어졌다. 사과 한 알 마음대로 따러 갈 수 없었고 무엇 하나 내 마음대로 결정할 수 없었다.

아이들과 웃고 떠들며 함께 여행을 떠나거나 속마음을 털어놓은 적도 없었다. 가족들은 내 마음을 굳이 말하지 않아도 알아줄 것이라 생각했다. '나는 아이들과 상속에 대해 상의했어야 했다. 남매가 앞으로 어떻게 살아가면 좋을지를, 평생 땀으로 일군 과수원을 어떻게 지켜줬으면 하는지를

말이다.'

아마 그 어른은 이렇게 말하고 싶었을 것이다.

이 과수원 주인은 우리들의 부모 세대 모습이다. 사이좋은 남매가 상속 문제로 재판하리라고는 누구도 생각하지 않았을 것이다. 어릴 때와 달리 결혼하면 새로운 가족 구성원이 생긴다. 새로운 이해관계 속에서 상속 재산은 미묘한 간극을 만들어낸다.

이 과수원 주인의 아들은 평생 부모와 지내며 과수원을 가꾸는 것에 스스로 인정받기를 원했을 것이다. 어머니는 사망하기 전에 모든 재산을 아들 앞으로 돌려놓았다. 이를 알게 된 딸은 재산 문제보다 자신이 가족 구성원으로서 소외된 데 섭섭함을 느꼈을 것이다. 어머니가 세상을 떠나기 전에 재산을 적절히 배분했으면 남매끼리 법정에 가 판결을 기다리지 않아도 됐을 것이다.

재판이 끝나고 나서 남매 사이는 어떻게 되었을까? 이런 경우는 대부분이 가족보다 못한 남남의 관계로 남는다. 남매는 의절했을 뿐 아니라 자녀들의 사촌 관계도 끊겼다. 천륜의 관계가 하잘것없는 물질 때문에 악연으로 퇴색된 것이다. 이후 동생은 마음의 상처가 깊어져 정신과 치료를 받는다고 한다. 평생의 수고를 들여 일궈놓은 이 과수원은 결국 다른 사람에게 매도되었다고 한다.

이처럼 상속 재판은 서로 남남으로 갈라설지도 모른다고 각오해야 하는 재판이다. 한때 나는 이런 종류의 소송을 단순한 재산 다툼으로 생각했다. 하지만 그렇다고 쉽게 단정 짓기에는 현실적인 사연이 많다는 것을 알았다. 재산을 더 많이 차지하려는 목적으로 소송하는 사람도 있겠지만, 마음의 상처 때문에 소송을 진행하는 사람도 있다.

우리는 유년 시절의 추억으로 삶을 살아간다. A씨는 소송을 통해 법정 지분의 일부로 본인의 몫을 되찾은 후에도 자주 친정 식구가 떠오른다고 한다.

'엄마 생신이 코앞이네', '아버지가 이때 그런 말씀을 하셨지', '곧 오빠 생일이구나'라고 말이다. 자칫하면 잘못된 상속으로 남북의 이산가족이거나 지구 반대편에 있어서 오가기 어려운 것도 아닌데 가장 멀리 떨어진 관계로 살아간다.

우리가 미래를 내다볼 수 있다면 현재를 지혜롭게 살 수 있을 것이다. 그러나 신은 우리에게 미래를 볼 수 없게 하였다. 대신 신은 우리에게 선택의 자유를 주었다. 다른 사람의 모습들을 보면서 현재의 생각과 지혜를 모아 선택할 수 있다는 것은 기회다.

나는 자산 관리, 재무 설계, 투자 등 금융의 중심에서 일하고 있다. 특히 증여, 상속 관련 절세 상담이 많다. 아쉬운 것은 상담을 신청하는 사람들이 도움을 받을 수 있는 시기를 대체로 놓친다는 데 있다. 고객에게 고민의 해결책을 제시해도 실행하지 않기도 한다. 도깨비 방망이처럼 일시에 해결하기를 원하지만 그런 방법은 없다.

나는 감히 말하고 싶다. 자녀는 우리 세대의 영향을 받을 수밖에 없다. 우리는 자산 이전에 대해 결단해야 하지만 꼭 재산만 상속해야 하는 것은 아니다. 자본과 세금 논리에 갇혀 생각하지 말자. 앞서 남매의 사례도 단순히 상속 문제 때문만은 아니었을 것이다.

나는 고객을 '돕고' 함께 문제를 풀어가는 파트너일 뿐이다. 일부 재산의 관리, 분배와 절세하는 법을 제안하고 실행을 돕는다. 고객이 필요로 하는 기술적인 도움은 굳이 내가 아니어도 가능할 것이다. 그러나 중요한 것은 금융이 아닌 감정의 문제다. 과연 누가 해결할 것인가.

얼어붙은 강물처럼 녹을 것 같지 않은 관계 문제. 그럼에도 포기하지 않고 녹이려 노력하고 녹일 방법들을 찾아내야 한다. 복잡다단한 상속 문제를 해결할 수 있는 당사자는 바로 우리 세대다.

"중요한 것은 보이지 않는 법이야."(『어린 왕자』)

구찌 가문은
왜 상표를 빼앗겼을까?

구찌Gucci, 버드와이저Budweiser 등은 많은 사람이 익히 알고 있는 상표다. 가문이 승계되지 않은 기업의 예로 들겠다.

명품 구찌의 창시자 구찌오 구찌Guccio Gucci와 세계적으로 판매되고 있는 맥주 상표 버드와이저를 만들어낸 앤호이저 부시 가문의 4대 손자인 어거스트 부시August Busch를 만나 가상 인터뷰를 진행해보았다.

"구찌오 구찌 대표님! 시간이 갈수록 점점 더 많은 사랑을 받고 있는 상표가 정말 멋집니다."

"물론입니다. 이 상표가 저희 가문 소유로 계속 남아 있었으면 하는 아쉬움이 듭니다. 이제 구찌는 우리 가문과 무관한 다른 기업의 소유입니다.

매우 슬픈 일입니다."

"아, 몰랐습니다. 불편하시겠지만 기업을 이끄는 분들에게 도움이 될 만한 말씀 좀 부탁드립니다."

"구찌는 이탈리아 피렌체 작은 가게에서 시작되었고요. 정성스런 고급 제품이 많은 이들의 사랑을 받았고 아들 3형제를 통해 더욱 확장되었습니다. 하지만 셋 다 권위적인 성격에 자주 다투었고 결국은 탈세로 고발하는 사태까지 가고야 말았습니다. 남보다 못한 사이가 된 거죠.

당시 저희 구찌 집안에는 약 20여 건의 소송이 진행 중이었습니다. 모두 가족이 제기한 소송들이었지요. 구찌 지분을 확보하려고 다툼이 이어졌고, 그 과정에서 재정 파트너였던 투자 회사 인베스트코가 엉뚱하게 지분을 인수했어요. 구찌 집안은 4대, 약 70여 년 만에 모든 것이 넘어가게 되었습니다. 그것만이 원인이라고 할 수는 없겠지만 한 번도 화합되지 않은 우리 가족은 기업의 다양한 문제 앞에서도 역시나 함께 풀어나갈 수 없었습니다. 상표와 가문을 이어갈 수 없었던 근본적인 이유는 소통과 신뢰 부족 때문이에요. 때늦은 후회지만 아쉽습니다."

"들어보니 앤호이저 부시 가문과 같은 문제였네요. 앤호이저 부시는 1860년에 고조할아버지에 의해 미국에서 설립되었습니다. 대표적으로 버드와이저를 앞세워 미국 주류 매출의 절반을 차지하는 대기업으로 성장했지요. 특히 아버지 어거스트 부시 3세는 정말 마케팅의 귀재였습니다. 까칠하고 완고한 성격만 아니었으면 좋았을 텐데 말이죠. 아버지는 항상 사업적 능력이 부족한 저에 대해 불만이 많았어요. 제가 아버지의 유일한 고민 대상이었죠. 왕성한 아버지와 저는 더 비교되었을 겁니다. 이후에 저는 아버지의 뒤를 이어 CEO가 되었습니다.

아버지는 저에게 회사를 맡기기보다 여전히 대표 역할을 맡으셨어요. 저와 늘 대립되고 협력이 되지 않는 시간이 이어졌습니다. 갈등이 이어지는 가운데 지분과 경영 문제가 악화되고 결국엔 벨기에의 인베브inBev로 적대적 M&A가 되었어요. 약 5대에 걸쳐 왕성히 성장했고 150여 년 동안 소중하게 지켜왔지만, 결국 마침표를 찍어야 했습니다.

'뭉쳐야 산다'는 말도 있더군요. 저희에게는 가족이 서로 사랑하고 배려하며 뭉치는 힘이 필요했습니다. 인베브는 고조할아버지의 이름을 넣어 안호이저부시인베브ABinBev로 바뀌었고 세계 1위의 주류 회사로 성장했습니다. 안타깝게도 우리 가문은 이름 안에만 남아 있을 뿐입니다."

기업 경영의 수많은 문제는 어찌 보면 당연히 발생하는 것이다. 여러 문제를 극복하면서 기업은 점점 커간다. 그때 가장 필요한 것은 가족의 소통과 연합이다.

소개된 구찌 사례처럼 가족 갈등이 있는 상태로 경영이 진행된다면 기업 연속은 기대하기 어렵다. 기업의 핵심 키워드는 가족 연합이다.

현재 우리나라의 상속, 증여세율은 최고 50%다. 단일 세율로는 최고다. 일각에서는 60%로 높여야 한다는 목소리가 들려온다. 개인이 상속세를 내는 것은 벅찬 일이다. 마찬가지로 기업이 세금을 내려고 별도로 돈을 모아둔다는 것 또한 쉽지 않다. 단순히 계산해 상속 재산이 1,000억 원이라면 상속세가 500억 원이다. 이 액수를 세금으로 낸다는 것은 기업 재무가 반이 된다는 것이다. 과연 이에 자유로울 수 있는 사람이 누가 있을까?

상속세를 내지 못해 국가에서 물납(조세를 금전 이외의 것으로 납부하는 것)으로 세금을 징수한 경우도 있다. 서초동 2개 필지를 3형제가 상속받아 소유 중에 한 형제가 사망하면서 가족이 상속세를 내지 못해 결국 국세청이 건물을 공매에 부친 일도 있고 영등포구에 있던 한 유명 예식장을 운영하던 분이 돌아가시면서 세금 대신 예식장 건물을 내놓았던 일도 있다.

건물뿐 아니라 작은 식당이나 집 한 채만 있어도 미리 준비해야 하는 것이 상속이고, 일정 범위 내에서 긴 시간을 통해 관리하고 준비할 수밖에 없는 것이 현실이다.

호주, 스웨덴, 캐나다, 뉴질랜드, 러시아, 이스라엘 등은 상속세가 없다. 우리나라를 포함해 일본, 미국, 프랑스, 영국, 독일 등은 상속세율이 높다. 찬반 논쟁 등 상속세에 관해 많은 논의가 진행되고 있다. 국민은 부의 대물림에 여전히 호의적이지 않다. 세법은 한쪽의 편리만을 위해 명확히 정할 수 있는 법은 아닌 것 같다.

상속세가 없는 나라들의 특징은 소득세가 대부분 높다는 것이다. 전 국민이 소득세로 국가 재원을 충당하고 있어 가능한 것이다. 그에 비하면 우리는 비과세가 있고 이자 소득세도 OECD 국가 중 매우 낮다. 상속세법은 나라 살림을 위해 좀 더 고민하고 지혜롭게 만들어져야 한다.

경주 최씨 가문의
상속

세계에는 명문 가문이 수없이 많다. 그렇다면 우리나라에서 내로라 하는 부자 가문은 어디일까? 부자들의 자산 규모를 살펴보면 재력가 임이 틀림없다. 그러나 시대를 걸쳐 명문 가문으로 인정받으려면 시간 이 더 필요하다. 우리나라를 대표하는 기업들이 시간이 흘러 훗날에 는 명문 가문이 되어 있기를 기대한다. 그전에 부자 가문인 경주 최씨 를 들여다보자.

경주 교동 최씨 부자! 많은 이들이 부의 표본이라고 알고 있다. 최씨 가문 의 1대는 임진왜란 때 구국을 위해 뛰어든 최진립 장군부터 시작된다. 이 어 아들 최동량은 상속받은 재산으로 땅을 구매해 부농으로 커가기 시작한다. 이후 자손인 최국선으로 이어져 그 부는 점점 더 불어났다고 전해진다. 이때 경주 최씨 부자 가문이 널리 알려졌다. 최씨 부자의 자녀, 최국진의 유명한 일화가 있다.

흉년이 든 해에 다수의 농민이 최씨 가문에게 쌀을 빌려 갔다. 이후 빌린 쌀을 갚지 못하는 사람들이 많아지자 최국진은 지혜를 발휘한다. 자신의 아들이 보는 앞에서 채무자들의 담보 문서를 태운 것이다. 문서가 없어도 갚을 사람은 갚을 것이며, 있어도 갚지 않을 사람은 갚지 않는 것이니 채무를 받으려 하지 말고 갚을 수 없으면 갚지 말라 하였다. 여유로운 자의 아름다운 배포와 사람들에게 담대히 자신의 신뢰를 보여주는 모습이다. 이를 본 아들과 농민들은 어떤 생각을 하였을까. 나눔, 배려, 신뢰가 무엇인지 깨닫고 평생 이어지는 교육이 되었으리라.

또한 최씨 집안의 마지막 부자(12대)인 최준은 일제 강점기로 우리나라가 위기에 처해 있을 때 상해 임시 정부에 거대한 재산을 내놓았다. 나라가 세워지는 데 자신의 모든 것을 투척했다. 단순히 최준이 재산이 많아서 이런 결정을 하지는 않았을 것이다. 마음이 가는 곳에 물질이 가기 때문이다. 이후 최준은 교육에 뜻을 두고 남은 재산을 모두 대구대학교(영남대학교 전신) 재단에 기부하였다. 이런 부의 재정은 학업으로 이어져 더욱 많은 사람이 그 혜택을 누리고 있다.

최씨 부자 가문은 한 사람의 소유가 아닌 모두를 이롭게 한 아름다운 상속을 했다. 현재는 사람을 키우는 진정한 상속으로 확장되고 있다. 좋은 땅에서라면 한 알의 밀알로도 풍성한 수확을 할 수 있다. 좋은 환경에서 많은 씨앗이 자라나는 것, 동시대 사람을 교육하고 살리는 일이야말로 위대한 상속이다. 오직 사람만이 결정할 수 있는 신의 선물이리라.

최씨 가문에 대대로 전해지는 6가지 가르침을 짚어보자.

훈訓의 구성은 말씀 언言에 내 천川으로 이루어져 있다. 흐르는 물처럼 말씀으로 이어가는 가르침을 의미한다.

부모, 자녀, 자손이 조부에게 받은 가르침을 실천하고 모범으로 살아내었기에 계승된 정신이다.

최씨 가문의 육훈六訓

(1) 과거를 보되 진사 이상 벼슬을 하지 마라

벼슬이 높으면 높을수록 권력과 재력을 가지려는 욕구에서 자유로운 사람이 얼마나 있을까. 재화와 권력을 탐하는 행위를 경계하려는 것은 스스로 욕심을 막는 것에 대한 선포로 보인다. 사람은 환경의 지배를 받는다는 것을 너무 잘 알기에 의지를 보여주려 한 가르침일 것이다.

(2) 만석 이상의 재산은 사회에 환원하라

일정량 이상 되는 재산은 소작농과 나누는 것을 당연하다고 여긴다. 재산이 일정 기준을 넘어서면 더는 나의 것이 아닌 모두의 것이라고 여긴다. 한쪽이 많이 가졌다는 것은 다른 누군가는 가진 것이 적다는 것을 말하는 것이 아닐까. 서로 같이 분배하며 살아가는 것을 통해 긍휼함을 나눌 수 있다. 어딘가 있을 수도 있는 동시대 약자를 위하고 있다.

(3) 흉년일 때는 땅을 늘리지 마라

다 같이 힘들 때 땅을 늘려 자신의 수확을 늘리려는 마음의 욕심을 경계하는 것이다. 흉년일 때 소작인들은 땅이라도 팔아 곡식을 사서 연명해야 했을 것이다. 자본주의에서 누군가의 희생은 누군가의 기회가 되기도 한다. 그 눈물의 땅을 인수해서는 안 된다는 것을 선포하고 있다. 오히려 자신들의 곳간을 열어 나누며 어려운 시기 죽이라도 쑤어 허한 배를 같이 채워가며 견디고자 하는 모습은 멋지다 못해 눈물겹다.

(4) 과객을 후하게 대접하라

내 집에 들르는 사람들에게 인심을 베풀고 그들의 배를 채워준다. 소통한 과객들은 최씨 집안에 도울 일이 생긴다면 두 팔 걷고 나설 것이다. 최씨는 자신의 집을 찾은 많은 사람과 감사와 나눔, 동반 같은 깊은 관계를 형성했으리라. 마음에 대한 후한 대접을 받고 대문을 나서는 과객들의 모습이 상상이 된다. 그 표정과 미소, 언어야말로 이 시대에 필요한 베풂을 대변한다.

(5) 주변의 100리까지 굶는 사람이 없게 하라

노블레스 오블리주Noblesse Oblige의 책임 있는 훈계다. 아무리 재산이 많아도 책임을 지는 것은 또 다른 영역이다. 100리는 40km나 되는 어마어마한 거리다. 100리라는 구체적인 거리를 제시했지만 최씨는 자신이 만나는 모든 사람에 대한 베풂을 각오했으리라.

(6) 시집온 며느리들은 3년간 무명옷을 입어라

"집 안에 여자가 잘 들어와야 홍한다"는 말을 한 번쯤은 들어봤을 것이다. 무명옷을 입으며 절약 정신이 자연히 몸에 배었을 것이다. 무명옷은 화려한 옷이 아니기에 곁들여야 할 고급스런 패물로 치장할 필요도 없었으리라. 군인이든 경찰이든 학생이든 정복을 입으면 자신도 모르게 의복에 맞춰 행동이 바뀌기 때문이다.

최씨의 이러한 훈계들은 가문을 넘어 지역에 좋은 영향을 끼쳤을 것이다. 사람들은 가문의 이념과 그 가치를 이어가는 최씨 가문의 모습에 나눔에 대한 도전을 따르며 닮아가고 싶어 하지 않았을까! 서로가 최씨 집의 소작농이 되려고 줄을 이었다고 하니 말이다.

마음은 마음을 알아보는 법이다. 그들도 최씨 가문처럼 집 안을 꾸려가고 싶었을 것이다. 최씨 가문에 속해 소작농에 종사하면서 자부심 또한 느꼈으리라.

300여 년에 이어진 최씨 가문의 최준과 그의 동생 최완은 독립 유공자로 인정받아 1990년, 건국훈장을 받았다고 한다.

최완은 상해 임시 정부에서 일하다 일본 경찰에게 체포되고 고문을 받다가 1921년, 35세로 순국했다고 전해진다. 나라와 이웃을 위해 목숨을 내놓은 헌신을 보여주었다.

더 큰 것, 더 높은 것을 지향한다는 것은 가장 낮은 곳에서 시작된다. 바로 청지기의 마음이다.

재물은 소유하는 것이 아니라 잘 관리하고 지켜내 자연히 흘려보내는 것이다.

"재물은 분뇨와 같아서 한곳에 모아두면 악취가 나서 견딜 수 없고 사방에 뿌리면 거름이 되는 법이다."

최완이 평생 잊지 않았던 말이다.

가업과 자산 그리고 정신 승리: 일본의 '호시료칸', 스웨덴의 '발렌베리' 가문

　세미나 때 모범적인 모습으로 상속되고 있는 세계적 기업의 예를 소개하곤 한다. 다만 내가 해당 기업에 직접 방문하여 체득한 정보가 아니라 자료나 책에서 간접적으로 얻은 정보들인 것이 늘 아쉽다. 기회가 닿을 때마다 명문 가문, 기업을 탐방하리라 다짐했었다.

　가깝고도 먼 나라 일본에 가서 간단한 사전 조사를 하고 의미 있는 여행으로 만들기 위해 모녀가 함께했다. 기네스북에 올라와 있는 일본 이시카와현石川県에서 가장 오래된 숙박 장소인 '호시료칸'으로 향했다.

　일본은 독일과 함께 세계적으로 가업 승계가 잘되어 잘 전수되는 기업이 많은 대표적 나라 중 하나다. 도쿄상공리서치에 의하면, 100년 이상 된 기업이 약 2만여 개, 실천경영학회의 조사에서는 창업한 지 200년 이상인 기업이 약 3,100여 개로 알려져 있다. 전 세계에서 창업 200년이 넘은 기업은 57개국에 약 7,200여 개이고 그중 절반이 넘는 수가 일본에 있다는 것은 그들만의 특별한 비결이 있을 것이라는 기대를 갖기에 충분하다.(『장수 기업이 많은 일본의 비결』, 동양북스) 그중 크기의 규모가 아닌 오랜 역사를 자랑하는 호시료칸을 택한 것은 분주한 일상에서 벗어나고 싶었기 때문이다.

호시료칸의 서비스는 공항부터 시작한다. 대부분의 직원이 그러하듯 공항에서 기다리는 기사의 머리가 희끗희끗하다. 1시간 가까이 지나 도착한 호시료칸. 얼마 되지 않는 인원이었지만 직원들이 입구에 나와 우리를 반겨주었다. 무릎 관절로 걷는 것이 불편한 어머니를 위해 통나무를 들고 달려와 차에서 내리기 쉽게 발판을 만들어주기도 했다. 호시료칸에서 보낸 시간은 지금도 특별하게 남아 있다.

입구에 들어서니 우리를 다실로 안내한다. 호시료칸에 도착한 날과 퇴소하는 날에 진한 녹차를 대접받았다. 아마도 소중한 만남을 의미하며 건네는 듯하다. 홍수와 화재, 지진 등으로 보강 공사를 하느라 경제적으로 힘든 시기를 보냈다고 한다. 그럼에도 료칸이 흔들리지 않았던 것은 1300년 전 초심이 이어지기 때문이다.

호시료칸으로 각국의 대통령이나 유명인사가 끊임없이 찾아온다. 일기일회一期日會. 이번의 만남이 처음이자 마지막 만남으로 여기는 자세가 생각난다. 이것이야말로 호시료칸을 운영하는 젠고로 가문에 내려오는 숭고한 정신이다. 아침 시간을 마치며 기념 촬영을 요청하자

한 권으로 끝내는 상속의 모든 것

진지하게 응해주는 모습에서도 진정성이 묻어났다.

장자 대물림의 부재가 호시료칸의 모든 자세를 대표한다. 즉 장자만이 아니라 호시료칸의 정신을 이어갈 수 있는 사람이라면 대표가 될 수 있는 것이다. 경영자로 선택되면 아들이든 사위든 이름을 개명하고 새 호적에 등재한다. 그들만의 이런 고집과 전통은 가문을 위하는 것뿐 아니라 호텔을 찾는 모든 이들을 위한 굳은 의지로 보인다.

직원들은 대부분 나이가 많다. 젊은 시절에 첫 직장으로 취직한 이들은 특별한 일이 없는 한 이곳에서 퇴직한다고 한다. 그만큼 만족할 수 있는 환경과 조건, 복지가 준비되어 있는 듯하다. 오래 이어지는 경영자와 직원들 덕분인지 고정된 매뉴얼의 서비스라기보다는 '일상의 편안한 서비스'를 접한 것 같았다.

직원의 안내를 받아 우리는 매일 아침 명상을 한다는 티타임에 참석했다.

"호시료칸의 역사는 타이쵸우泰澄 대사가 아와즈 온천을 발견한 718년부터 시작됩니다. 타이쵸우 대사가 제자 사사키리 젠고로에게 온천장을 만들라고 지시한 것이 호시의 시작입니다.

경기는 매년 좋지 않고 세금은 점점 오르죠. 그럼에도 우리가 잘 견뎌냈던 것은 우리만이 할 수 있는 것이 있기 때문입니다.

저희는 호시의 숙박객을 위해서 매일 아침 1시간씩 숙박객에게 아와즈 온천의 역사나 호쿠리쿠 지방의 전통 또는 문화에 관하여 이야기해드리고 있습니다. 3년이 다 돼갑니다. 손님들은 '이런 역사가 있을 줄은 몰랐습니다'라고 감탄을 금치 못하거나 제게 감사 편지를 건넵니

46대손 호시 젠고로 대표와 만난 저자

다. 저희도 손님들을 보고 항상 배우고 감사해하고 있습니다.”

2011년, 동일본 대지진 때 많은 사람이 다치고 가족을 잃는 슬픔을 지켜보면서 재난민들을 어떻게 도울 수 있을까 고민했다고 한다. 피해 지역까지 거리가 꽤 멀어서 당장에 도우러 가기도 형편이 만만하지 않았다. 그래서 다른 방법을 떠올리다가 자신들이 가진 호시료칸의 천년의 정신을 나누기로 했다. 아와즈 온천에 방문하는 사람들의 이야기를 들어주고 그들에게 문화를 전달하며 힘을 실어주는 것이다. 이후로 동시대를 살아가는 사람들과 마음의 나눔을 시작하기 시작했다. 많은 사람이 위로받고 치유되었다고 한다.

동시대를 살아가며 서로 마음과 몸을 치유하도록 돕는 것, 바로 가문을 이어온 장남 히로시의 발상이었다. 세월이 흘러 세대가 변해도

한 권으로 끝내는 상속의 모든 것

호시료칸의 사람들은 본질적인 의무를 잊지 않고 있다.

"사람들의 마음과 몸을 치유하는 우리 료칸의 목적은 1300년 전부터 지금까지 변하지 않았습니다. 이를 위해 무엇을 더 준비해나갈지 계속 고민할 것입니다." 창업주의 46대손 호시 젠고로善五郎의 말이다.

매일 아침 손님들에게 같은 정보를 전하는데도 언제나 처음 이야기를 꺼내는 듯 정성을 담아 말을 이어가는 모습에 감명했다.

그렇다면 스웨덴의 발렌베리Wallenberg 가문은 어떤지 궁금할 것이다.

발렌베리 가문은 스웨덴을 대표하는 스톡홀름 엔스킬다 은행Stockholm Enskilda Bank, SEB을 비롯해 아틀라스 콥코Atlas Copco, 에릭손Ericsson, 일렉트로룩스Electrolux, 사브Saab Automobile 등 100여 개의 기업 지분을 소유하고 있다. 스웨덴 GDP의 30% 이상을 차지하는 어마어마한 규모를 가졌다. 발렌베리 가문의 승계는 경영 능력을 검증받아 선별되고 공정하게 진급 절차를 밟는다. 이처럼 경영의 기본기가 탄탄해 흔들림 없는 가문으로 성장한 듯하다.

1856년, 스톡홀름 엔스킬다 은행을 창업한 아드레오스카 발렌베리를 시작으로 지금의 발렌베리 주니어 회장이 5대째 그룹의 총지휘자로 이어가고 있다.

발렌베리 가문은 역량 있는 창업자를 선별하기 위해 그룹 내에서 업무를 가르친다. 우리나라의 귀족 경영 방식과 전혀 다르다. 발렌베리 가문의 특징은 이익금의 80%를 사회에 공헌한다. 국가가 성장할 수 있는 분야에 투자해 국가와 함께 상생하는 전력을 고수하는 것이다.

발렌베리 가문은 「포춘」지에서 선정하는 착한 기업, 존경받는 기업으로 매번 순위에 오른다. 기업의 역할과 사회를 위한 공생의 업적을 동시에 일궈내고 있는 것을 반증하는 것이다.(스웨덴 최대 기업 발렌베리의 교훈', 「재외동포신문」, 2017년 8월 28일자 참조)

우리나라에는 아직 장수 기업이 없다. 기업의 수명이 100년을 넘는 기업도 손가락에 꼽는다. 가업 승계를 자신들의 욕심으로 잘 못하고 있다고 단순히 책망하려는 것은 아니다. 예를 든 일본, 스웨덴은 우리와 상황이나 지리적 여건이 다르다.

우리는 그간의 잦은 전쟁과 외세 침략으로 나라와 기업이 안정된 상태를 유지할 수 없었다. 어찌 보면 막 출발선에서 벗어난 상황이다. 우리가 앞으로 집중해야 할 목표를 바라보고 달려가야 할 방향에 대해 짚어보자. 우리는 타산지석의 교훈을 삼아 초석을 더욱 다져나가야 한다.

가업 승계가 실패할 확률은 70%다. 기업을 세운 후에 초심을 지키려고 머리를 맞대어 방법을 찾다 보면 30%의 성공률에 들어갈 수 있다. 훗날 우리나라에도 모범적인 가업 승계의 예가 많아지기를 바란다.

우리나라의 기업 중 창업한 지 100년이 넘은 기억이 7개, 80년 이상은 28개로 총 전체의 0.12%의 기업만이 기업 생태계를 지킨다. 가장 오래된 법인은 두산그룹이다. 1896년, 박승직 회장을 시작으로 120년 넘게 이어지고 있다.

100년 이상 기업을 굳건히 지켜가는 모습이 자랑스럽다. 자본의 원리만 따를 것이 아니라 가업 승계 과정에는 기업 철학과 정신이 깃들어 있어야 한다.

워런 버핏Warren buffett은 자서전 『스노우볼Snowball』에서 복리로 불어나는 금융의 수익을 이렇게 표현하였다.

"인생은 눈덩이 같은 것이다. 정말 중요한 것은 젖은 눈과 아주 긴 언덕을 찾는 것이다."

우리나라의 기업들도 앞서 소개했던 훌륭한 가문을 본받기를 바라며 이 말을 조금 바꾸어보겠다.

"명가의 성장은 눈덩이 같은 것이다. 정말 중요한 것은 기업 철학을 잇는 후계자와 도움이 필요한 사람에 대한 헌신의 방향을 찾는 것이다."

2장

당신이 알고 있는
상속은 틀렸다

좋은 가족을 넘어
위대한 가족으로

10여 년 전, 외환 위기IMF가 닥쳐와 우리는 너무나 고통스러웠던 시기를 겪었다. 금 모으기 운동에 동참하며 다 같이 어려운 시기를 버텨이겨내자고 했던 시기였다. 당시 금리는 대폭 인상되었고 집값은 폭락했다. 국민의 위기가 어느 누군가에게는 기회가 되었다. 부자들은 토지를 값싸게 사들이거나 은행의 높은 이자를 받으며 부를 축적했다. 하지만 이를 위대하다고 말하기는 어렵다.

높은 원가와 산업 구조의 급격한 변화를 겪은 어느 가족의 사례를 살펴보자.

외환 위기에 회사 대표인 부친의 악화된 건강까지 겹쳤다. 가족과 지인들은 이만 회사를 접는 것이 최선이라 생각했다. 경쟁 회사도 많아 사업의 전망은 어두웠다. 하지만 이에 굴하지 않고 구조 조정을 하고 핵심 사업에만 집중하기로 목표를 세웠다. 그러자 회사는 조금씩 안정을 되찾았다. 지금은 말만 하면 누구든지 알 법한 기업으로 자리 잡아, 가업 계승은 여전히 이어지고 있다. 이런 기업을 두고 "위대하다"고 말할 수 있을 것이다.

'위대한 가족'의 모습이란 안정된 현실에 안주하지 않고 뜻하지 않은 위험을 대비하고 이를 함께 물리치는 것이다. 위대함은 새로운 것에 그치지 않고 더 발전된 결과를 내는 것이다.

재무 상담 때 가족 상담을 종종 진행한다.

서로 배려하는 모습이 보기 좋은 어느 화목한 가족이 있었다. 그러나 갑작스럽게 상황이 나빠지자 서로 자신의 이익을 챙기느라 급급해했다. 나는 상황이 달라진다고 가족의 모습도 확연히 바뀌는 것에 의구심이 들기도 했다. '위대한 가족'을 만드는 것은 상황에 상관없이 무엇이 가장 중요한지를 아는 것과 모르는 것의 차이다.

이렇듯 어려움을 공유하고 감당하는 가족들은 그들만의 특별한 무언가가 있다. 어떤 문제가 생기면 서로 머리를 맞댄다. 내가 상담하면서 만난 화목한 가정들의 특징은 다음과 같다.

① 부모님을 존경하라: 효심이 깊다.
② 가족과 가문에 감사하라: 생활 전반에 감사한 마음을 가지고 있다.

③ 자신보다 가족을 더 생각하라: 가족을 제치고 자신만 앞세우는 이기적인 모습은 보이지 않는다.

④ 어려울 때일수록 더욱 뭉쳐라: 같이 울고 웃고 하는 따뜻한 모습을 가지고 있다.

⑤ 선한 부富를 쌓기 위해 노력하라: 자산을 늘리는 것에 욕심부리지 않고 부지런히 노력한다.

⑥ 욕심을 경계하라: 매우 검소하게 생활한다.

⑦ 이웃을 돌아보라: 타인의 입장을 헤아린다.

⑧ 자산 이전 결정에 대해 가족 구성원이 모두 동참하라: 가족이 함께 절세나 기부 등을 합리적으로 고민한다.

⑨ 자신이 힘들었던 때를 잊지 말자: 자주 대화를 나누며 서로 응원한다.

⑩ 자녀 교육에 투자한다: 어학, 여행, 봉사 등으로 어떻게 자녀를 교육할지 고민한다.

⑪ 험담하지 마라: 사소한 것에도 진심으로 칭찬한다.

장 폴 사르트르Jean Paul Sartre는 "인생은 B와 D 사이에 있는 C다"라고 말했다. B는 탄생Birth, D는 죽음Death, C는 선택Choice이다. 삶은 작은 선택들과 각오로 이루어져 있다. 무엇이 진정 중요한지를 아는 가족은 힘든 상황이 닥쳐도 화합하는 선택을 할 것이다. 이런 가족은 어느새 위대한 가문이 되어 있을 것이다. 후대가 보기에도 바람직하게 증여와 상속과 관련된 승계가 이루어지리라.

메멘토 모리Memento mori는 라틴어로 '자신의 죽음을 기억하라', '너는 반드시 죽는다는 것을 기억하라'를 뜻한다. 옛 로마 시절, 전장에서 승리한 장군은 시가행진할 때 노예를 시켜 "메멘토 모리"를 큰소리로 외치라고 시켰다. 오늘은 당신이 개선장군이지만 언젠가는 죽는다는 것을 기억하라. 즉, 겸손하라는 메시지를 되새기려 한 것이다. 자신의 본분을 지키며 더는 우쭐해 말라고 말이다.

화려함이 주는 편안함에 안주하지 말아야 한다. 위대한 가족은 화려함 대신 가족의 화합에 더 신경을 쓴다.

나는 출산을 자연의 섭리를 따라 때가 되면 아이가 절로 탄생하는 것으로 생각했다. 그러나 첫아이를 가졌을 때 허리 통증과 임신 중독으로 매우 힘들어했다. 어렵게 두 딸을 얻고 나니 생명의 소중함을 절실히 깨달았다. 남편과 함께 아이들을 건강하게 키우며 탄생의 죽음 사이의 시간을 감사하고 소중하게 여기게 되었다.

만일 사람의 삶과 죽음이 정해져 있다면 우리에게 주어진 시간에 대한 감사와 기쁨으로 충실히 채워야 할 것이다. 삶과 죽음은 불변의 진리다. 그러나 선택은 우리의 의지에 따라 자유롭게 할 수 있다. 그러므로 인생은 충분히 살 만한 가치가 있다. 이는 누구나 다 아는 사실이지만 곱씹어보면 새롭고 소중할 것이다.

누구나 위대한 가족이 될 수 있다. '선택할 수 있다는 것'을 의식하고 지내느냐 아니냐의 한 끗 차이로 가족의 위대한 유산의 승계가 매우 극명하게 나뉠 것이다.

가족이 생기면
상속 준비를 시작하라

"만일 내 아들이 유능하다면 내 돈이 필요 없을 것이고 아들에게 능력이 없으면 내 재산을 탕진할 것이다. 자식에게 유산을 남기는 것은 무의미하다."

중화권의 '기부 천사'가 된 성룡Jackie Chan은 20억 위안(약 4,000억 원)을 사회에 환원하기로 했다. 성룡은 인터뷰에서 기부의 첫 조건으로 가족의 동의를 손꼽았다.

"아들이 어렸을 때부터 사회에 전 재산을 환원하겠다고 말해왔다. 당시 아들은 내게 기부란 무엇이냐고 물었다. 나는 '우리보다 형편이 어려운 사람들을 위해 돈을 쓰는 것'이라고 대답했다. 아내와 아들은 내 뜻에 기꺼이 동의해줬다."

중화권의 기부 천사 성룡

성룡의 인터뷰는 특별한 구석이 있다. 성룡은 재산 기부를 홀로 결정하지 않았다. 아이들에게 어려서부터 기부의 참뜻을 알려주고 반려자에게 동의를 구했다. 자신의 삶을 열정적으로 사는 아버지의 모습을 자녀에게 고스란히 보여준 것이다. 이렇듯 상속 준비를 할 때 가장 중요한 것은 가족과의 소통과 연합이다.

나는 결혼을 창업이라고 생각한다. 결혼은 마음이 맞는 반려자를 만나 둘이 함께 스타트업을 시작하는 것과 같다.

부부는 최상의 결과를 만들어내려고 정성을 다하기로 약속하고 열정적인 결혼 생활을 시작한다. 내 집 마련을 하고 차를 사고 여행을 가기도 한다.

법인 대표 상담과 개인 자산 상담의 내용은 거의 같다. 마찬가지로 부모도 기업의 CEO와 역할이 똑같다고 할 수 있다. 이해를 돕기 위해 대입을 해보자.

부부 회사에서 아이가 태어나면 자녀는 성장이 기대되는 자회사다. 기업은 성장Growth과 승계Transfer를 동시에 준비해야 한다. 그래야 나중에도 오래 유지될 수 있기 때문이다. 그러나 처음에는 승계까지 생각할 여유 없이 전력질주로 성장한다. 이는 방향보다는 속도를 내야 하는 주변의 환경 탓이기도 하다. 하지만 승계 관리를 하지 않으면 상속은 다음 세대로 이어지지 않는다.

부모는 자녀에게 돈을 어떻게 벌고, 삶은 어떻게 살아가는지 공유해야 한다. 자녀가 성장하면서 열심히 노력하는 부모의 모습을 보게 하라. 부모가 '무슨 일을 하느냐'보다 노력을 '얼마나 어떻게 노력하느냐'를 자식에게 알려줘야 한다. 교사로서의 부모 역할은 중요하다.

또한 자녀는 집 안의 자산과 부채를 어느 정도 알아야 한다. 가정 경제에 맞게 생각하고 움직이는 법을 기르기 위해서다. 이렇게 부모와 생각을 공유한 자녀는 든든한 가족 구성원이 된다. 가족이 출발할 때부터 서로 생각을 공유하고 마음을 모으면 자녀에게 전달될 상속의 가치는 더욱더 높아진다. 다음의 리스트는 스타트업 회사인 부부가 꼭 챙겨야 하는 항목이다.

① 부부는 일심동체가 되어라: 부부는 서로 생각이 갈라지면 끝이다.

② 자녀에게 부모가 무슨 일을 하는지 알려주어라: 아는 만큼 도울 수 있고 든든한 가족 구성원이 된다.

③ 자녀에게 자신이 어떻게 돈을 벌고 있는지 공유하라: 돈을 버는 방법을 통해 경제 흐름을 깨닫는다.

④ 자녀의 나이에 맞게 가족의 경제를 공개하라: 자산과 부채를 알아야 앞으로의 계획을 조절할 수 있다.

⑤ 시드머니Seed money를 만들어 가르쳐라: 금융 기관을 알게 하고 저금하는 습관을 기른다.

⑥ 배우자와 자녀에게 서서히 증여 한도 내 금액만큼 증여하라:

10년마다 증여하면 절세된다.

⑦ 가정에서 일어난 일은 자녀와 함께 결정하라: 온 가족이 기념일을 공유하고 의미를 되새기며 화합한다.

⑧ 자녀 독립을 준비시켜라: 독립적으로 살아가도록 인지시키고 훈련시킨다.

⑨ 부모가 준비하는 승계 계획을 자녀에게 전달하라: 상속 내용을 자녀와 공유한다.

⑩ 경제 서적을 읽어라: 경제를 아는 만큼 상속이 보인다.

⑪ 정기적으로 가족회의 시간을 가져라: 자신의 생각을 상대방에게 전달하는 능력과 사회성을 키운다.

⑫ 부모 재산은 자녀의 재산이 아니라는 것을 인식시켜라: 재산에 미련을 가지면 생활이 흐트러진다.

⑬ 기부하는 습관을 들여라: 사회가 나에게 준 만큼 누군가에게 다시 돌려주어야 한다.

⑭ 여행하며 한마음으로 뭉쳐라: 가족끼리 소통하고 알아가는 시간이 필요하다.

이 14가지 항목은 돈으로 사서 배울 수 없는 내용들이다. 돈보다 값지다. 이는 하루아침에 전달될 수 없으므로 부모는 처음부터 자녀에게 생각을 심어주어야 한다. 자녀는 어려서부터 부모의 재산이 공짜가 아니라는 것을 깨달아야 한다.

상속받은 재산이 많은 세대의 자녀는 부족함 없이 성장한다. 완벽

한 권으로 끝내는 상속의 모든 것

히 '욜로(YOLO, You Only Live Once, 자신의 행복을 위해 소비하는 것이 인생에서 가장 중요하다)'에만 치우친다. 이들은 자연히 사회 경험을 하지 않아 적응이 매우 서툴다. 가족의 자산 공유와 상속 준비를 강조하는 이유가 이 때문이다. 상속은 돈보다 열심히 사는 태도를 중시하고 부모를 보며 어떻게 자신이 살아가야 하는지 몸소 배우는 것이다.

나는 고객과 상담하면서 가족 구성원끼리 금융에 관한 소통은 꼭 필요하다고 느꼈다. 사랑하는 가족끼리도 경제적인 이해가 부족해 대화가 원활히 되지 않기 때문이다.

가족의 경제적인 부분에 대해 서로 '다 알겠지', '이해해주겠지'라고 믿는 경향이 있다. 자녀가 돈에 대해 물으면 부모는 명확히 대답하지 않고 어물쩍 넘어간다. 또한 자녀도 경제적인 질문은 부모에 대한 예의가 아니라고 생각해 묻지 않기도 한다. 이것이 지층처럼 쌓이면 각자의 입장만 생각하는 장벽이 생긴다. 결국 가족의 합의와 의논이 필요한 때를 놓치고 마는 것이다. 따라서 가족이 생기면 소통이야말로 가장 중요한 가족 문화라고 여겨야 한다. 부모는 다양한 방법을 통해 가족과 생각을 공유하고 한마음이 되도록 노력해야 한다.

준비된 자산이 있다면 가족에게 소액이라도 서서히 증여하며 절세를 받는 것이 가장 좋다. 부부가 재산을 분배하게 되면 주택 매입과 증여로 말미암은 자산 증대에도 절세의 혜택을 받을 수 있다. 자산뿐 아니라 부채도 함께 관리해야 한다. 자산을 축적하는 데 시간이 걸리듯이 자산을 이전하는 데도 꽤 매우 많은 시간이 걸린다. 단순히 부의 이전이라고 생각하면 큰 오산이다. 상속 준비는 재산이 많아진 후에 하거나 인생을 정리할 때 하는 것이 아니다.

한 사람의 경제생활 속에서 이루어진 재산에는 오랜 시간 축적된 인생의 많은 지혜가 담겨 있다. 따라서 자산 관리 역시 단번에 해치울 수 없다. 선대의 형성된 재산은 향후 다음 세대가 잘 이어받아 지켜나가야 하는 승계 대상이며, 다음 세대의 삶의 씨앗을 제공하기도 한다. 선대가 준비해온 시간이 길었던 만큼 승계하는 데 필요한 시간도 짧지 않다.

예를 들어 10년간 세금 없이 증여 가능한 범위(배우자 6억 원, 성년 5,000만 원, 미성년 2,000만 원)를 활용하면 가족들에게 재산을 분산할 수 있을 것이다. 이 방법을 사용하면 재산을 효율적으로 관리할 수 있을 뿐 아니라 절세의 효과도 누릴 수 있다.

아이의 교육 자금 등을 준비하려고 증여를 활용해 자산 관리를 한다면 자녀의 미래 계획에도 긍정적인 영향을 끼칠 수밖에 없다. 유대인은 이 방법을 아이들에게 자산에 대한 의미를 알려주려고 사용한다.

가족은 한 배를 탄 운명 공동체다. 가족 모두가 키를 잡고 같은 방향을 바라보는 즐거움과 보람을 만끽해야 한다.

나는 돈으로 해결되는 문제가 세상에서 가장 쉽다고 생각한다. 돈으로 해결할 수 없는 문제가 더 두렵다는 것을 잘 알고 있다. 예를 들면 매매 가격이 50억 원인 건물을 매입하는 방법은 돈을 '모으는' 것이다. 하지만 우리 가족과 함께 보내는 시간은 수백 억 원을 주어도 살 수 없다. 아무리 많은 재화가 있어도 인생의 마지막은 막을 수 없는 것처럼

한 권으로 끝내는 상속의 모든 것

말이다. 이 불변의 진리를 늘 잊지 않고 머리에 새겨두었으면 한다.

결국 상속 준비를 해야 하는 이유는 삶에서 돈으로 해결할 수 없는 문제들이 있기 때문이 아닐까. 상속의 진정한 의미는 현재를 바르게 살아내는 것을 후대에 물려주어 잘 살도록 물려주는 것이리라.

"나는 상속할 자산이 없어"라고 더는 단언하지 않기를 바란다. 상속 자산이 없다는 것은 가족을 포기한다는 것과 같다. 상속세는 그저 한순간의 세금일 뿐이다. 그 세금이 우리의 상속 가치를 떨어뜨릴 수는 없다. 상속은 우리가 후대에 건네주어야 할 정신적·문화적 계승이다. 우리는 언젠가 모두 사라질 것이다. 그전에 하루하루가 주는 가치에 집중하기를 바란다.

우리는 상속세에 가려져 잘 드러나지 않는 상속 자산을 가려내 가족에게 가치를 물려주어야 한다. 진정한 상속은 우리가 남겨야 할 모든 것이 함축된 단어다.

돈이 아닌 자산을
상속하라

투자 전문가 짐 스토벌Jim Stovall의 『최고의 유산 상속받기』(예지, 2001)는 상속에 관한 책으로 선풍적인 인기를 끌었다. 할아버지가 세상을 떠나면서 손자를 위해 12개의 유산을 준비하고 영상으로 하나하나 풀어가는 과정을 책 속에 담았다.

할아버지의 유언은 우리도 알고 있지만 평소에 잊고 있는 진리들이다. 할아버지는 손자가 유언을 통해 삶의 가치를 깨닫고 변화하기를 진정으로 바랐을 것이다.

우리는 이 책을 읽으며 진정한 유산이란 어떤 것인지를 진지하게 생각하게 될 것이다. 그것은 일, 돈, 친구, 배움, 고난, 가족, 웃음, 꿈, 나눔, 감사, 하루, 사랑 등이다. 그리고 책의 마지막 장을 덮을 때 우리는 이 모든 것을 진실로 깨닫지 못해 누리지 못하고 있다는 사실을 깨달을 것이다.

돈만 있다면 돈을 물려주는 것은 가능하다. 이것은 자산을 물려준다는 것과 엄연히 다르다. 돈이 아닌 자산은 어느 날 갑자기 만들어지지 않는다.

다음은 아이들에게 자산이 되기를 바라는 마음으로 적은 무형의 상속에 관한 소개다.

(1) 다른 사람의 인생을 경험하는 지혜는 독서로부터

독서는 누군가와 대화를 나누려 진실한 모습으로 마주앉아 있는 것과 같다. 다양하게 책을 읽어 다른 사람의 인생을 미리 경험해보고 지혜를 얻어라.

(2) 경제 공부는 돈을 버는 현장에 직접 참여하는 것으로

어떤 분야에 비전을 두고 있는지 결정했다면 기초부터 배우기를 바란다. 사소한 것도 놓치지 않고 중요하게 여기며 실질적으로 자본이 어떻게 돌아가고 있는지 지켜봐야 한다. 세상을 향한 사전 교육을 받는다는 마음으로 열심히 배워라. 이것은 씨앗을 심는 작업이다. 인생의 견고한 경제 지식은 현장에서 얻어라.

(3) 하루하루를 가치 있게 살며 감사하라

행동은 빠르고 꼼꼼하게 한다. 메모하고 실행하라. 매 순간에 감사

하며 살아라. 그것이 이 땅에서 살아가는 목적이다. 삶에 대한 가치를 잊지 말기를 바란다.

(4) 돈을 버는 것만큼 쓰는 데 공들여라

열심히 돈을 버는 만큼 돈을 쓰는 데도 매우 신중해져라. 새로운 투자를 구상하며 타인에게 베풀고 가치 있게 사용하기 위한 계획을 세워라.

(5) 가족과 이웃을 사랑하고 행동으로 실천하라

나눔을 실천하라. 사랑한다면 실천해야 한다. 큰 나눔을 계획하기보다는 작은 것부터 마음을 전하고 실천하라. 말로도 많은 응원과 위로를 할 수 있다는 것을 잊지 마라.

(6) 20세가 넘으면 독립을 시작하라

20살이 되면 성인으로서 각자 열심히 살아가는 데 힘써야 한다. '내 삶은 스스로 책임진다'는 생각으로 굳건히 일어나라.

(7) 성실과 신뢰를 자산으로 여기라

상대방과 무언가를 약속하면 무조건 지켜야 한다. 신뢰는 최고의 자산이다. 약속을 목숨처럼 지키려고 노력하는 모습은 주위 사람에게 신뢰를 준다.

(8) 자녀 교육에서 자유로워야 한다

남편은 영재 공부법을 연구하여 공로도 인정받은 과학 영재 교사다. 그러다 보니 남편이 가르치고 만나는 아이들은 대부분 천재였다. 남편은 영재 아이들의 스승으로서 교육에 전력을 기울였다. 그러나 남편이 유독 딸에게 무심한 것 같아 언젠가 나는 독하게 마음먹고 서운함을 털어놓았다. 그때 남편은 2호선 전철역을 예로 들며 말했다.

"여보, 영재는 만들어지기보다 천재로 태어나는 경우가 많아. 만일 우리 아이가 천재라면 서너 살에 전철을 타면서 글을 깨우치는 건 당연하고 2호선 전철역을 순서대로 다 외우겠지." 이것은 아마도 남편이 나에게 자녀 교육을 하는 데 스트레스를 덜 받게 하려고 한 농담일 것이다. 그러나 나는 이 말을 진지하게 받아들였다.

앞의 사례는 영재를 판단하는 절대적인 기준은 아니고 집중력과 암기에 대해 말하고 싶었다. 나는 '우리 아이는 평범하다'고 생각하자 오히려 마음이 편해지고 주변과 비교하지 않는 엄마가 되었다. '영재가 아니면 평범하게 키우자.' 그 순간 그렇게 결정하며 딸과 함께 날개를 다는 자유로운 순간을 맞을 수 있었다.

이후 나쁜 말로 하면 우리 아이의 지식 성장에 대한 기대를 포기했고, 좋은 말로는 아이와 함께 자유롭게 재밌게 사는 것에 더 중점을 두자라는 결정을 한 날이었다. 이후 둘째가 태어났고 우리 부부는 두 딸과 신나게 먹고 놀고 뛰어놀며 영재가 아닌 것에 감사(?)하며 자녀교육시키기에서 해방(?)감을 얻은 시간을 지금까지도 누리고 있다. 내가 마음이 편해지니 오히려 아이들에게 다른 형태의 교육 방향을 더 찾고 생각하게 되는 계기가 되었음은 물론이다. 우리 딸들도 결혼 후 가정에서 자녀 교육에 '자유로워지기(교육에 대한 상대적 고민이나 걱정과 같은 부담감에서 벗어나는 것)'를 바란다. 단, 무엇이 중요한지만 알면 된다. 그리고, 책은 한꺼번에 구매하기보다는 서점에 자주 가서 본인 취향대로 골라주었고 놀이터와 학교 운동장을 내 집 삼아 놀았기에 교직원처럼 출근하듯 한 기억은 지금도 나를 미소 짓게 한다.

자녀 사랑은 자녀 교육과 비례하는 듯 보인다. 나 역시도 마찬가지로 천재 아이를 둔 엄마가 된 것 같아 자녀 교육에 심혈을 기울였다. 당시 동네에 아동 교재 바람이 불었었다. 동네에서 이 교재를 구매하지 않는 엄마들이 없을 정도로 유행을 탔다. 그럼에도 나는 남편이 들려줬던 '2호선 전철역' 이야기를 떠올리며 교육관을 지킬 수 있었다.

이런 경험담을 다른 엄마들에게 들려준 적이 있다. 그러나 그들은 소위 '좋다는 교육'에서 멀어지면 불안해했다. 나 역시도 그랬고 누구나 그런 과정을 거치는 것이 부모인 듯하다. 자녀 교육에서 자유로워지려면 독하게 마음먹어야 한다. 지금은 교육이 상대적으로 편차가 있는 시대이기 때문이다. 역설적으로 나는 아이들에게 관심을 두지 않는 만큼 성장한다고 생각한다. 이것은 방치가 아니라 아이들이 스스로 무언가를 할 수 있도록 기회를 주는 것이다.

(9) 다양한 환경을 경험하고 여러 사람과 어울려야 한다

아이들이 초등학생일 때 우리 가족은 시골에서 살았다. 아이들은 자연 친화적인 환경에서 자랐지만 친구들을 많이 사귀지 못했다. 평

범해 보이는 나날들이 조용히 지나갔다. 그맘때쯤 우연히 텔레비전 어느 방송에서 청학동 아이들의 모습을 보게 되었다. 무엇보다 전국의 아이들이 낯선 환경인 청학동으로 모인다는 점이 매력적으로 보였다. 나는 아이들을 청학동으로 보내 새로운 시간을 보내게 해주어야겠다고 결심했다. 두 딸은 전국의 다양한 아이들을 만나고 소통하는 시간을 가졌다. 아이들은 옛 생활을 직접 경험해보면서 편리해진 현대의 생활에 감사해하고 현재에 만족해했다. 이처럼 주변의 환경을 바꿔주는 것은 아이의 사회성을 기르는 데 유익하다.

(10) 마음속에 있는 폴더를 관리하라

컴퓨터로 여러 작업을 하다 보면 폴더가 필요해진다. 제목과 내용에 따라 폴더의 역할이 정해진다. 우리는 마음속에 있는 폴더를 잘 관리해야 한다. 살다 보면 누구나 역경과 고난을 겪는다. 그때 복잡해진 생각을 환기하고 마음에 폴더를 만들어 다시 일어설 방향을 잡아보라.

어떤 폴더를 열어 마음의 전환을 하고 또 다른 폴더를 열어 미래 계획을 세워보는 것이다. 폴더를 여닫을 때마다 감정도 지혜롭게 조절해보기를 바란다. 하나의 폴더에 함몰된다면 우리 인생은 그 폴더에 쏟은 시간 때문에 벗어나지 못하게 된다. 여러 가능성이 열린 다른 폴더들을 만들어 다채로운 삶을 계획해보자.

(11) 해마다 목표를 세우고 주기적으로 삶의 목표를 점검하라

아이들에게 꿈을 심어주기 위해 강헌구의 '비전 스쿨'이라는 프로그

램에 참여시킨 적이 있다. 강헌구 교수의 가방에는 항상 '그것'이 들어 있었다. 그것은 자신이 20년 후에 어떻게 살고 있을지 스스로 선포한 내용을 적은 현수막이다.

이를 참고로 우리 가족도 해마다 1월 1일이 되면 버킷 리스트를 작성했다. 각자의 포부를 잊지 않기 위해 대형 현수막을 거실에 걸었다. 현수막까지는 아니더라도 버킷 리스트를 적으며 늘 새로운 시작을 자축하고 삶의 방향을 잊지 않기를 바란다.

내가 가진 자산은 고객과 상담하며 얻는 지혜다. 고객 중에는 어려서부터 자신의 삶의 현장 속으로 자녀를 참여시켜 교육시키는 분도 많다. 자녀들은 그 시간을 통해 많은 것을 깨닫고, 값진 무형의 자산을 상속받았을 것이다. 상속세는 납부하면 그만이지만 숫자로 보이지 않는 돈보다 소중한 것들이 훨씬 많다. 우리가 물려주어야 할 자산은 계산기로 두드려 나오는 숫자가 아닌 마음으로 보이는 것들이다.

좋은 습관을 상속하라

"스튜핏Stupid! 그뤠잇Great!"

경기가 어려워서일까? 최근 한 연예인이 영수증에 관해 조언하는 프로그램이 인기다. 하긴 체감 경기는 늘 좋지 않았으니 그보다는 소득보다 지출이 많아지는 것을 경계하는 우리 시대의 목소리가 반영된 듯하다. 지출에 대한 지적과 써야 할 때 잘 쓰는 것의 지적이다. 그만큼 우리는 어느새 소비 충동에 약한 존재가 되어버렸다는 이야기이리라. 미래보다 현재가 중요하다는 '욜로' 현상이 유행하고 마케팅되면서, 여행 사진을 인스타그램이나 페이스북에 하나 정도는 올려줘야 사람답게 사는 것처럼 보이기도 한다. 한 개인이 어떤 습관을 가지고 있는가는 하루아침에 생성된 것이 아니다. 이 역시 누군가로부터 보고 배우고 익히게 된 것이다. 경제적 형편이 한층 풍요로워진 시대인 만큼 우리의 소비 패턴이 점점 커지는 것을 경계해야 한다. 소비는 쓰임새가 명확한 소비가 좋은 소비다. 나 자신의 수입과 비교했을 때 소비가 과하다면 지출을 줄여야 한다. 우리는 미래보다 현재가 중요하다는 '욜로' 메시지에 열광하고 여행을 떠나야겠다는 미련을 버리지 못한다.

습관은 하루아침에 생기는 것이 아니라 누군가의 행동에 영향을 받고 몸소 익혀서 생기는 것이다. 대표적으로 언어부터 시작하여 우리의 모든 것이 답습된다. 그러나 인터넷의 발달로 좋은 습관에 관한 기준이 흔들리고 있다. 올바른 습관은 후대에 잘 계승되어 더욱 진화되어야 한다.

좋은 상속에 좋은 습관의 이전도 있다. 그것은 빼앗길 수도, 빼앗을 수도 없는 특별한 것이다. 자랑스러운 상속을 계발해보자. 다음은 자녀에게 꼭 물려주어야 할 좋은 습관들이다.

(1) 언어 습관

나의 멘토인 어머니는 전혀 욕설을 사용하지 않는다. 어머니는 가끔 내게 "이 부자 될 녀석!"이란 소리를 했다.

어머니는 한평생 좋은 말만 써도 부족하다고 생각한다. 우리는 언제나 상황에 적절하게 진정으로 칭찬의 언어를 사용해야 한다. 말의 힘이 우리를 지배하기 때문이다. 돌이켜보면 말 때문에 받은 상처들이

한 권으로 끝내는 상속의 모든 것

얼마나 많은가. 말은 사람을 살릴 수도 곤경에 빠뜨릴 수도 있다.

(2) 메모 습관

"기록하지 않으면 아무것도 아니다." 일기, 편지, 메모, 가계부, 여행 일지 등 모든 기록은 중요하다. 기록은 새로운 아이디어와 그 당시의 기억을 불러온다. 우리는 글자로 적힌 것을 읽고, 보면 행동한다.

모든 기록이 상속의 역사를 보여줄 것이다. 메모할 때는 스마트폰 이나 전자 기기를 사용하기보다 직접 글씨로 적어 남기는 것이 좋다. 10여 년 전, 비전 스쿨에서 메모의 중요성에 대해 강의 들었던 내용이 지금도 생생하다.

부모의 경제력과 아이의 삶에 끼칠 영향에 관한 조사 결과에 따르면, 부모의 경제력과 관계없이 지도력을 발휘하는 3%는 '글로 쓴 구체적인 비전'을 가지고 있었다. 비전을 글로 쓰지는 않았지만 머릿속에 생생히 떠올릴 수 있는 아이는 10%였다. 나머지 87%는 가지고 있는 메모와 목표가 전혀 없었다고 한다.

이처럼 글로 적는 것은 목표 달성률에 엄청난 차이를 가져온다. 우리는 글로 옮겨 쓴 비전을 보고 떠올리며 서서히 목표를 향해 움직이기 시작한다.

(3) 저축 습관

유대인은 아이가 아주 어릴 때부터 용돈을 주어 통장에 저축하는 법을 가르친다. 아이는 돈을 쓰는 법보다 모으는 법을 먼저 배운다.

현대 사회는 카드 사용이 보편화되어 있다. 카드는 결제가 간단하고 편리하여 모든 소비 형태에 쓰인다. "빨리, 빨리" 하는 시대가 우리의 소비를 재촉한다.

그러나 인생은 속도보다 방향이 중요하다. 우선은 저축 범위 안에서의 안정된 지출을 위한 방안부터 차근히 수립해보라. 티끌 모아 태산, 괜한 속담이 아니다.

(4) 기부 습관

지인은 항상 다른 사람을 위한 돈을 준비하고 다닌다. 전철이나 길에서 도움이 필요한 사람이 보이면 그들에게 나누어주고 싶기 때문이란다. 지인은 자신의 배고픈 시절에 대한 기억이 떠올라 그들을 차마 외면할 수 없다고 한다.

베푸는 사람은 늘 베풀고 인색한 사람은 늘 인색하다. 이것은 금액의 문제가 아니라 나누려는 의지의 문제다.

증여와 상속의 본질은 받은 것의 일부를 사회로 되돌려준다는 의미를 내포한다. 그러므로 우리는 텔레비전이나 주위의 미디어를 통해 작은 기부부터 실천하고 공익 재단 등을 통한 체계적 기부까지 관심을 두어야 한다. 아니면 봉사 활동에 참여하는 것도 다양한 나눔의 한 방법이다. 콩 한 쪽이라도 반으로 나눠 먹는 것을 습관화하자.

(5) 구매 결정 습관

돈은 많은 일을 성사시키는 좋은 도구다. 돈의 규모에 따라서 일의

한 권으로 끝내는 상속의 모든 것

크기도 달라질 수 있다. 아이들에게는 저축 습관과 동시에 지출을 통제할 힘이 필요하다. 지출할 때면 자신에게 정말 필요한 것인지 다시 생각해보고 스스로 통제하는 훈련이 필요하다. 나에게 더 필요하고 만족감을 줄 수 있는 다른 소비를 위해 가벼운 지출을 참는 것은 그리 어려운 일이 아니다. 더 나은 소비를 기대하고 기다리는 마음으로 신중하게 구매를 결정하자.

요즘은 텔레비전 프로그램이 매우 다양하다. 텔레비전에서는 건강기능 식품을 파는 홈쇼핑 방송이 흘러나온다. 이렇듯 우리의 소비 결정권은 무방비로 노출되어 있다.

"꼭 써야 할 곳과 안 써도 될 곳을 분간하라"고 말한 삼성 전 이병철 회장의 말을 기억하자.

(6) 경청 습관

사람들은 상대방의 이야기를 들을 때 자신의 생각을 정해놓고 듣는다. 자신만의 가치관에 따른 생각이 있기 때문이다. 그러나 지식과 정보는 외부로부터 온다. 내 생각을 내려놓고 경청하는 모습은 상대방에게 신뢰를 줄 수 있다. 우리는 상대방과 눈높이를 맞추어 경청하면 생각의 해답을 얻기도 한다. 따라서 어려서부터 자신의 생각을 고집하기보다는 누군가의 이야기에 귀 기울이는 습관을 들여야 한다.

모든 부자가 경청하는 좋은 습관이 있다.

"일주일 동안 상대방의 신발을 신어보아야 그의 입장을 알 수 있다"는 인디언 속담처럼 경청은 상대를 알아가려는 진실한 노력이다.

위에 소개한 습관들은 평소에도 나부터 나서서, 자녀들과 같이 실천하고 지켜야 할 것들이다.

가족의 정신을
상속하라

앤드류 카네기Andrew Carnegie와 오드리 헵번Audrey Hepburn은 우리가 익히 들어 알고 있는 유명인들이다.

앤드류 카네기는 어려서부터 방적공, 기관 조수, 전보 배달원 등 여러 직업을 거치며 다양한 경험을 쌓았다. 그는 이후에 철강 분야의 그룹을 형성하여 부를 시작해, 이후 거대 철강 회사 US스틸사를 탄생시켰다. 카네기는 은퇴하고 나서 교육과 문화 사업에 몰두하였다. 사회 복지를 위하여 투자하고 헌신하는 삶을 살았다.

영화 〈로마의 휴일〉에 출연한 오드리 헵번은 배우 생활을 끝내고 유니세프의 친선 대사로 오랫동안 활동했다. 그녀는 암으로 세상을 떠나기 전, 아들에게 이런 말을 전했다고 한다.

"너는 언젠가 손이 2개라는 사실을 다시 떠올릴 것이다. 한 손은 너 자신을 돕는 손이고 다른 한 손은 다른 사람을 돕는 손이다." 역시나 그녀의 아들도 오드리 헵번 재단에서 사회사업을 맡아 선행을 이어가고 있다.

혹시 당신은 밴더빌트Vanderbilt 가문을 알고 있는가? 이 가문은 사라진 지 오래되었다. 가문이 오래 존속되는가, 그렇지 못하는가를 결정하는 차이는 무엇일까? 그것은 가족 고유의 철학 정신이다. 카네기와 록펠러Rockefeller 가문은 기업을 키우며 재산 증식에만 몰두하지 않았다. 그들은 재산뿐만이 아니라 성숙한 정신까지도 후대에 물려주고 싶어 했다. 반대로 밴더빌트 가문은 한때 최고의 부를 누렸지만 자산 관리를 제대로 하지 못해 그만 무너지고 말았다.

"부자는 삼대三代를 가기 힘들다"는 옛말을 돌이켜보면 정신의 계승이 얼마나 중요한지 새삼 느낄 수 있다.

유한양행의 창업자인 유일한 박사의 사례를 살펴보자. 「국민일보」에 실렸던 유일한의 유언장은 누가 봐도 깊은 고심과 진정한 배려를 바탕으로 쓰였다는 것이 느껴진다. 평범하지 않은 유일한의 유언장을 짚어보자.

첫째, 유일선의 딸, 즉 손녀인 유일림이 대학을 졸업할 때까지 학자금 1만 달러(약 1,000만 원)를 준다.

→ 자녀가 학업에 매진할 때는 도와주되 이후로는 스스로 서게 한다. 아

한 권으로 끝내는 상속의 모든 것

들 유일선은 딸을 위한 1만 달러 중 반을 사회에 다시 내놓았다.

둘째, 딸 유재라에게 유한공고 안에 있는 묘소와 주변 땅 5,000평을 물려준다. 그 땅을 유한동산으로 꾸미고 주위로 결코 울타리를 치지 마라. 학생들이 동산을 마음대로 드나들게 하라. 아이들의 티 없이 맑은 정신에 깃든 젊은 의지를 느끼게 해달라.

→ 땅을 소유한다기보다 관리하라는 명목으로 상속했다. 학생들이 누릴 수 있는 환경에 부족함이 없도록 책임과 의무를 부여한다.

셋째, 소유하고 있는 주식 14만 941주 전부 '한국사회 및 교육원조 신탁기금'에 기증한다.

→ 전 재산을 나라와 아이들의 미래를 위한 교육에 바친다.

넷째, 딸 유재라는 아내 호미리의 노후를 잘 돌보아주기 바란다.

→ 그는 홀로 남은 아내를 걱정하고 배려한다.

다섯째, 아들 유일선은 학업을 마쳤으니 앞으로는 자립해서 살기를 바란다.

→ 후대에도 자립의 힘이 전해져 강하게 성장할 것이다.

이후 유일한의 자녀들도 재산 전액을 사회를 위해 만든 유한재단에 기증했다.

이처럼 가족 구성원이 정신의 상속을 받아 삶에 긍정적인 영향을 끼친다면 대대로 가문이 이어질 수 있다.

나는 부를 멀리하거나 낮추어보는 것이 아니다. 어떻게 부를 사용해야 가치 있는지 그 중요성을 말하는 것이다. 우리가 재산 운용을 고민하고 실행하면 가문이 이어지는 지혜도 얻을 수 있다. 좋은 가문의 전통은 삶의 가치를 잊지 않은 구성원들의 자존감을 높여준다. 반드시 자산과 정신은 함께 움직여야 한다.

우리 가정을 생각해보자. 당신이 물려받은 가문의 정신은 무엇인가? 우리 부모가 나에게 강조했던 가르침은 무엇이었던가? 또한 내가 상속받은 정신 중에서 꼭 이어가고 싶은 가치는 무엇인가? 우리는 부모나 다른 사람을 통해 가치 있다고 생각하는 정신들을 알게 모르게 이어가고 있다. 때로는 경험을 통해 얻은 깨달음으로 소중하게 여기는 가치관도 있을 것이다.

우리 가문과 가족이 중시하는 가치관, 정신을 한 번 적어보자. 우리가 앞으로 이어가야 할 정신들이 들어 있을 것이다. 그것이 바로 가정과 가문의 문화가 되며 다음 세대가 받을 상속이다.

종이에 아무것도 쓰지 못할 수도 있다. 그러나 상심할 필요 없다. 이제부터 당신이 가문을 이어갈 정신을 발굴해낼 사람이다. 없으면 만들고 부족한 것이 있다면 채워가라.

한 권으로 끝내는 상속의 모든 것

3장

내 아이의 인생에 씨앗이 되는
재산 상속

미리 물려주지
못하는 이유

나는 고객과의 재무 상담 때 이런 질문을 던진다. "상속은 미리 할수록 절세의 혜택을 받고 자녀의 삶의 질도 향상되는데 왜 그러지 않나요?"

질문에 돌아오는 대답은 크게 이 3가지 유형으로 나뉜다.

"재산을 다 주고 나면 나를 무시할지도 몰라."

"나 죽으면 알아서 하라고 해. 이게 나의 힘이야. 나 보고 빨리 죽으라는 거야?"

"미리 재산을 주고 싶은데 제대로 관리할지 걱정돼."

당신은 이런 대답에 고개가 저절로 끄덕여지는가. 이런 대답이 왜 나오는 것일까? 혹시 자녀와의 사이에 큰 담이 쌓여 있는 것은 아닐까? 부모만 자녀에 대한 불신이 있는가? 자신을 불신하는 부모에 대한 자녀의 생각은 어떨까 궁금하다.

여러 복잡한 생각이 오가지만 정확한 대답은 떠오르지 않는다.

꼬리에 꼬리를 물고 나서야 내린 결론은 재산의 규모 때문이 아니라 가족끼리 소통하지 않아 오해가 생겨났다는 것이다. 그것은 아주 오래전에 생긴 작은 틈이 이제는 고래 힘줄처럼 단단하게 자리 잡은 것과 같다. 지금에서야 회복하기에는 너무 늦었다.

사람들은 자신의 재산이 늘어나는 속도보다 세금이 증가하는 속도에 더 관심이 많다. 우리나라의 상속세와 증여세는 과세 표준(이하 과표)의 50% 이상이다. 쉽게 말해서 자산의 반을 세금으로 내야 한다. 일각에서는 과표를 더 높여야 한다는 목소리도 적지 않다.

높은 상속세의 이면에 반강제적인 복지 즉, 부의 재분배의 의미가 들어 있다. 호주, 스위스, 캐나다 등의 나라들은 상속세와 증여세가 없지만 소득세가 높다. 우리나라도 먼 훗날 이 같은 세법이 적용될 것이다.

세미나를 가보면 전문가의 설득력 있는 정보에도 자산 이전 준비로 걱정하는 사람들을 볼 수 있다. 참석자들은 매우 현실적인 고민을 털어놓는다. "재산을 미리 상속했더니 나를 무시하더라", "사업으로 날리더라" 등 도무지 불안해서 상속할 수 없어 한다. 손바닥 뒤집듯이 상속받고 달라지는 자식들이 많기 때문이다. 분명 상속받은 자산을 쉽게 생각하고 써버리는 자녀도 있을 것이다. 그러나 물이 위에서 아래로 흐르듯이, 부모는 상속을 지혜롭게 결정하고 자식에게 전해야 한다.

한 권으로 끝내는 상속의 모든 것

부유한 고객의 집에 방문한 적이 있다. 그때 나는 자수성가의 원인이 뛰어난 재테크나 사업 수완보다는 근검절약 자세라는 것을 알 수 있었다. 곳곳에 절약 메모가 붙어 있었다. 이를테면 당장 사용하지 않는 전기 콘센트를 뽑아놓거나 현관이나 방에 불필요하게 불을 켜지 않는다는 등이다. 이 고객은 때에 따라 자신이 무엇을 아끼고 무엇을 사용해야 하는지 잘 알고 있었다.

어른과 상속을 상담할 때 서로 이해하고 고민을 털어놓기까지 시간이 꽤 걸렸다. 그것은 상속을 준비하기 싫어서가 아니라 이전 세대에게 교육을 받거나 직접 해본 적이 없기 때문이다.

재산을 모으고 좋은 회사를 키워나가는 것은 대단히 어려운 일이다. 우리나라는 구두쇠 소리를 들으며 갖은 고생을 한 자수성가형 국가다. 돈은 자신의 땀과 눈물과 바꾼 귀한 재화다. 그야말로 피 같은 돈이다. 하루아침에 자식들에게 재산을 어떻게 물려줄지 정할 수 없다. 상속(증여)하더라도 많은 부분을 상속(증여)세로 빠져나가지 않게 잘 준비해서 물려주어야 한다. 그러나 현실과 세금 사이에서 적절하고 현명한 방법을 찾기는 쉽지 않을 것이다.

한 설문 조사에 따르면, 현재 사전 증여 등을 전혀 고려하지 않고 있다는 응답이 70% 이상이었다고 한다. 그만큼 자산은 곧 힘이고 든든한 노후를 보내게 해주는 무기로 여긴다. 문제는 일부 승계를 받는 증여 과정은 문제없지만 상속받고 어마어마한 세금이 부과되는 바람에 모든 것을 처분해야 할 수도 있다는 점이다.

우리는 자녀가 떠맡은 어려운 문제로 갈등이 생기고 형제끼리 우애

마저 사라져버리는 것을 바라지 않는다. 상속은 반드시 지혜로운 사전 준비가 필요하다. 세금도 세금이지만 분쟁이 없도록 잘 준비해주는 것도 소중한 정신적 상속 재산이다.

회사를 경영하는 창업주들도 상속 문제에 매우 보수적이다. 특히 대표를 중심으로 운영되는 소규모 기업은 더욱더 심하다. 왜냐하면 대표 혼자 모든 살림을 일궈온 터라 자신의 자리가 매우 크게 느껴지기 때문이다. 대표는 동트기 전에 출근하고 가장 늦게 퇴근하는 사람이다. 모든 자산과 시간을 들인 기업이야말로 자식과 다름없다. 그래서 은퇴 시기가 조금씩 미뤄지는 것이다.

어떤 자녀는 회사를 승계받으려고 아버지와 같이 일하며 업무를 배우다가 2년 만에 사이가 갈라져 퇴사하는 극단적인 일도 있었다. 어느 정도 자리 잡은 기업의 대표라면 이제 막 시작한 그때의 마음으로 돌아가 자녀의 걸음에 맞추어 승계했어야 했다.

우리는 항상 많은 것을 내려놓고 지혜를 좇아야 한다. 만일 가업을 승계할 계획이 있다면 작은 것부터 조금씩 실행으로 옮겨야 한다.

개인이든 기업이든 피상속인이 상속을 준비하지 않았을 때 가족 간의 재산 다툼이 생긴다. 자필 증서, 공정 증서 등 유언과 신탁을 비롯한 사전 준비를 하지 않은 경우가 대부분이다. 분기마다 재무제표를 작성하는 것처럼 삶에도 평가와 준비가 필요한 법이다.

자필 유언장은 재산 분할 방법 등을 포함해 원하는 것과 의중을 모두 적을 수 있는 반면 신탁은 주로 재산에 관한 부분을 다룬다. 즉 서로 보완적이므로 적절하게 나누어 상속을 준비하는 것도 좋은 방법이다. 선택해도 좋다.

건물을 증여할 때 비법을 소개하겠다. 건물이 아닌 토지만 자녀에게 증여하는 것이다. 토지의 상속세가 혹여나 가치 상승으로 발생하더라도 이를 줄일 수 있다.

또한 증여하는 자로서 요구하는 재산 관리 방법이라든지 앞으로 재산을 어떻게 사용하라는 몇 가지 요구를 건네보라. 정식 계약서라기에는 모호하지만 이러한 서면 요구에 응하지 않은 자녀의 증여분을 환수한 대법원의 판례도 있다. 우리는 상속 제안을 무조건 거부하기보다 지혜를 모아 순리를 따르는 마음의 여유를 가져야 한다.

자녀에게 어느 정도는 증여하며 상속을 준비하자. 마음을 표현하는 증여의 형태나 자산 형성에 이바지했다는 기여분이라도 좋다. 이와 같은 내용을 잘 정리하여 유언 증서를 작성해보자.

증여가 무조건 옳다는 것은 아니지만 미리 준비해두어 나쁠 것은 전혀 없다. 재산을 기부하고 싶다면 상속보다는 증여하는 것을 추천한다. 가족과 뜻을 모아 기부하는 증여는 자녀에게 평생 동안 소중한 교훈으로 남을 수 있다.

호사유피 인사유화虎死留皮 人死留和.

"호랑이는 죽어서 가죽을 남기고 사람은 죽어서 이름을 남긴다虎死留皮 人死留名"는 말이 있다.

나는 이름보다 중요한 것이 화목이라고 생각한다. 바로 '인사유화人

死留和'다.

가족의 모습 안에는 그 부모가 무엇을 남기고자 노력했는지가 깃들어 있다. 화목은 이름을 남기는 것과는 비교가 안 될 정도로 중요한 상속이다. 호랑이는 별도 노력 없이도 가죽을 남길 수 있다. 하지만 화목이라는 가족 관계는 많은 사랑과 노력이 있어야만 얻을 수 있는 진정한 가치의 유산이다. 한 자연인이 가정에 남겨주는, 지속적으로 이어질 아름다운 계승이다.

기부를 어렵게 생각하지 말자. 작은 움직임이어도 후대로 이어지면서 커질 수 있다. 최근 들어 '웰빙Well-being'을 뒤이어 '웰 다잉Well-Dying'이란 단어가 유행이다. 그래서 미리 죽음을 체험해보고 유언장을 적는 프로그램이 성행하고 있다. '웰빙'이나 '웰다잉'은 하루하루가 우주 안에서의 소중한 날들임을 잊지 말자는 경종일 것이다.

주위에서 준비도 없이 갑자기 상속받는 경우를 보곤 한다. 우리는 종종 "다 때가 있다"고 말한다. 미리 준비하여 삶의 모습을 배울 수 있는 진정한 멘토가 되도록 노력하자.

때로 무거운 것은 내려놓고 가벼운 마음으로 주위를 둘러보자. 자신이 진정으로 즐길 수 있는 것은 무엇인가? 만일 직업상의 일이라면 즐기기 위해서라도 조금은 뒤로 물러나 보자. 코치나 감독의 자리에 있으면서 경기를 응원하고 즐거워할 수 있다. 그 어떤 축구 선수도 언제까지 축구 선수에만 그칠 수 없다. 경기를 관람하는 관중이 더 즐거울 수도 있다.

후대가 알아서 하라고 떠넘기지 마라. 그들은 아무런 정보가 없어 우왕좌왕할 것이다. 그들과 어깨동무하며 자산 운용을 계획하기 바란다. 이름난 주식은 짧은 시간 안에 주가가 오르락내리락할지라도 흔들릴 필요 없다. 멀리 내다보면 탄탄한 기업이 조금씩이라도 계속 성장한다. 처음에는 서로의 생각이 엇갈려 박자가 맞지 않을 수 있지만 가족이라는 울타리 안에서 행복을 목표로 맞추어가며 진정한 가족만이 이룰 수 있는 소중한 상속의 우상향으로 가꾸어나갔으면 좋겠다.

"저도 제가 좋아하는 일을 했습니다. 여러분도 나중에 갑부가 되더라도 하고 싶은 일을 계속 찾으세요. 왜냐하면 그 일이 여러분을 생의 끝까지 즐겁게 만들 것이기 때문입니다."(워런 버핏)

상속·증여를 고민하는
당신이 만나야 할 전문가란?
절친 프로젝트!

대개 큰 산을 등반하려면 등반 기간이 길어서 극지법(베이스캠프와 여러 전진 캠프를 설치해 정상에 오르는 방법)을 활용하거나 식량과 짐을 싸서 자주 옮겨야 한다. 이때 대원들이 머물러야 하는 근거지가 필요하다. 베이스캠프로 선정되는 곳은 바닥이 평탄하고 식수를 구하기 쉬운 곳이어야 한다. 베이스캠프base camp는 약칭으로 'BC'라고 표기하기도 한다.

내가 어렸을 적에 들은 '히말라야 등반 성공'은 인간의 달 착륙만큼이나 어마어마한 소식이었다. 높이가 약 8,000m인 에베레스트는 4,000~5,000m 되는 중간 지점에 베이스캠프를 설치한다고 한다. 힘든

한 권으로 끝내는 상속의 모든 것

등반 속에서 힘을 실어주는 포터Porter와 든든한 셰르파Sherpa의 동행은 등반객에게 천군만마와 같다. 그들은 등반 전문가들이다.

우리에게도 베이스캠프의 역할을 하고 함께 길을 걸어가는 소중한 파트너가 필요하다. 조지 클래이슨George S. Clason이 쓴 『바빌론 부자들의 돈 버는 지혜The Richest Man in Babylon』(국일미디어, 2011)에 1934년, 메소포타미아의 바빌론 유적 발굴 중 돌판을 발견했다는 내용이 실려 있다. 그 내용인즉슨 한 상인이 빚을 갚는 체험담이었다. 그 내용 중에도 경험자(전문가)와 상의하라는 내용이 있을 만큼 자산에 관한 것은 다양한 전문가들의 협력이 필요하다.

- 주치의
- 재무 상담사, 자산 관리사
- 세무사, 회계사
- 변호사(상속, 증여 전문)
- 은행 PBPrivate Banking(신탁 등)
- 부동산 중개업자

이들 중에서 나와 각별한 사람은 누구인지 떠올려보자. 마음을 나누며 동행할 수 있는 파트너가 있는가? 내가 가장 중요하게 생각하는 파트너를 꼽자면 주치의다. 금융이나 법률 관련 전문가와 동등하게, 아니 그보다 더 우선순위로 여긴다. 정신과 몸이 건강하면 삶의 기쁨도 유지된다. 그러려면 나의 건강을 응원하고 질병 예방을 도와줄 의사를 곁에 두어야만 한다.

아플 때 직통으로 전화하고 달려가 상의할 수 있는 가족 같은 주치의! 나에게도 주치의가 있다.

우리 가족은 물론 어머니까지도 다 알고 있는 의사 분이다. 많이 아파 큰 병원에 가라고 하면 우리는 간다. 그냥 버티라고 하면 버틴다. 신기하게 시키는 대로 버티기만 했는데도 낫는다. 때로는 왜 약을 안 먹느냐며 혼내기도 하고, 영양 주사를 권하기도 한다. 상속의 문제에 있어서도 건강에 있어서도 가장 핵심적으로 의견을 줄 수 있는 핵심 베이스캠프 요원으로 꼽는다.

앞에서 금융권의 주치의가 바로 나와 같은 재무 상담사다. 분야는 다르지만 거의 같은 일을 한다. 자산 관리의 제안은 물론 세금 등의 재원 수립. 향후 가족들의 자산 이전의 방향을 위한 가족 상담도 진행한다.

주치의가 그런 것처럼 나 역시도 문제의 솔루션을 위한 다양한 전문가 네트워크를 가지고 있다. 따라서 다양한 재무 실행의 방향을 함께 진단하고 실행해나가는 과정에 의견을 주고 함께 진행한다. 주치의의 그것처럼 말이다.

사람들은 가족이나 지인을 통해서 금융업에 종사하는 전문가들을 많이 알고 있다. 문제는 사적 재산 및 가족 관계가 내포된 문제를 가까운 사람과 나누기에는 다소 불편할 수 있다는 것이다. 그러나 그들과 함께 재무 계획을 세울 수 있고 언제든 도움받을 수 있으니 소중한 인연임에는 변함없다.

한 권으로 끝내는 상속의 모든 것

재산 관리는 무거운 것을 조금씩 나누어 이동하는 전략과 다양한 전문가의 실질적 도움이 필요하다. 하루아침에 해결되지 않는다는 말이다. 여유를 가지고 시간을 들여 차근차근 준비해나가야 한다. 나의 상황을 잘 아는 전문가와 함께 객관적 시각으로 자산을 파악하고 계획을 수립해보자.

현영이 『현영의 재테크 다이어리』(청림출판, 2008)를 출간했다. 금융에 대해 알고 싶었던 현영은 은행과 증권사를 자주 찾아가 얼굴을 익히고 좋은 관계를 맺었다. 현영은 그렇게 재테크에 입문했다.

내가 봤을 때 현영은 대단히 지혜로운 고객이다. 현영처럼 우리에게는 상속, 증여, 자산 관리 등을 상담하며 깊은 이야기를 나눌 수 있는 전문가가 필요하다.

우리도 현영처럼 평소에 시간을 가지고 실력 있는 전문가들과 자연스럽게 관계를 구축해야 한다. 진술하다고 칭찬이 자자한 평판 좋은 사람, 관련 분야에 전문 지식이 있으면서도 고객을 편하게 맞이하는 전문가를 선택하는 것이 좋다. 꼭 고액 재산 관리를 위해 다양한 전문가를 확보해야 하는 것은 아니다. 자산의 규모를 떠나서 금융에 도움을 줄 수 있는 다양한 전문가와의 관계를 유지하면 삶이 든든하다.

누구에게나 때로는 객관적으로 한편으로는 인간적으로 조언해줄 수 있는 자신의 편이 필요하다. 때로는 자신의 비밀 전략을 수립해주고 서로 윈윈Win-win하는 '절친'을 만들어라. 마음을 열어야 비로소 '절친'이 보인다.

매일의 날씨를 알아보고 외출 준비를 하는 것처럼 '금융 날씨'를 알아보려면 우리에게 꼭 필요한 것이 다양한 전문가 친구다. 자신의 금융지수를 높여줄 수 있는 준비된 그들과 소중한 인연이 닿기를 바란다.

정보의 바다, 인터넷에서 정보를 찾으면 금융 상품, 세법 및 세율, 절세 방안 등 무궁무진한 자료가 열려 있다. 세금 관련 문의는 국세청 및 지역 세무서에 전화하거나 방문하면 친절하게 안내해준다. 스마트폰에 어플을 내려받으면 자산 관리나 세금 관리도 직접 관리할 수 있다.

그러나 증여 및 상속 문제를 인터넷으로 해결하려는 사람은 없을 것이다. 상황과 규모, 이력이 모두 다르므로 전문가와 '맞춤 전략'을 반드시 수립해야 한다. 또 인터넷의 정보는 오류가 대단히 많다. 인터넷을 통해 정보를 참고해 큰 그림만 그리고 해당 분야 전문가를 통해 이 정보를 점검하고 확인해야 한다.

자신의 결정이 반영된 맞춤 전략을 짜려면 나의 자산, 계획 등으로 구성된 기준을 정해야 한다. 나의 기준에 부합하는 '맞춤 디자인'을 만드는 것이다. 하얀 도화지에 스케치를 그리고 난 후 세부 사항은 전문가와 함께 그리면 된다. 결국 처음과 끝을 장식하는 핵심은 어떤 그림을 그릴 것인지다. 그 그림을 그리는 최고의 권위자, 전문가는 바로 자기 자신이다.

세무사는 세법 안에서 세금 계산과 절세 노하우를, 변호사는 법리적인 결정과 실행을 도우며 만일의 분쟁을 대비하는 전략을 수립한다. 외국의 경우에는 가족의 금융을 돕는 파트너들의 나이가 대부분 지긋하다. 그만큼 가족의 삶과 함께하는 진정한 또 하나의 가족인 셈이다.

2016년의 국세청 통계 상속세 신고 현황을 보자. 2006년에 상속세 신고자 수는 약 2,300명, 2016년에는 약 6,200명이었다. 10년 사이에 신고자 수는 약 2.6배 늘었다. 이는 인플레이션으로 인한 증가도 있지만, 경제 성장과 더불어 증식된 자산 증가도 원인이 된다. 유감스럽게도 자산 증가 속도보다 상속세 증가가 더 높다.

상속세율은 인플레이션, 도시 지역의 부동산 증가, 빈부 격차가 벌어지는 상황이어도 변동이 없다. 오히려 조건에 따라 상속세율이 늘기도 한다.

예를 들어 상속 자산이 총 200억 원이고 170억 원이 임대 건물, 주택이 30억 원이라고 하자. 상속세는 가뿐히 100억 원에 다다른다. 공제되는 금액도 있으니 과표가 200억 원은 아니겠지만 부동산이 자산의 대부분이라면 상속세는 그야말로 폭탄이다. 상속세 재원을 준비하지 않았다면 빌딩을 처분해야 할 수도 있다. 이를 피하기 위해서라도 재산 상속에 대한 계획을 세워야 한다.

적을 알고 나를 알면 백전백승이라 했던가! 승계 관련 세금을 알고 증여 방안, 재원 마련 등 종합 계획을 준비하면서 당신이 진두지휘해야 한다. 제대로 된 한 사람만 만나도 100명을 한꺼번에 아는 효과가 있다. 단 1명이라도 좋은 전문가를 만나면 다른 전문가도 한 번에 만날 수 있다.

좋은 사람들과 어울리면 좋은 사람들에게 둘러싸인 세상을 만나게 될 것이다. 삶과 일에만 치우치지 말고 가끔은 미래를 위해 현재를 짚어보고 점검하는 시간을 내는 것도 중요하다.

해마다 발간되는 『국세청 세금 가이드』가 있다. 정부는 국민에게 세금 혜택을 주기 위한 방안을 제시한다. 이를 참고해서 당신의 베이스캠프 요원들로 잘 활용해보자.

자산 관리, 증여, 상속, 신탁 등 이런 높은 산으로 올라가는 소중한 일은 뒷동산을 오르는 것과는 차원이 다르다. 산을 오를 수 있는 체력도 갖추어야 하므로 시간과 노력이 꼭 필요하다. 또 그 산을 많이 올라가 본 적이 있는 전문가를 곁에 두는 것이 중요하다.

한 권으로 끝내는 상속의 모든 것

상속이 좋을까, 증여가 좋을까?

"약 3억 원 정도의 작은 아파트가 있는데 딸에게 지금 이것을 주는 게 좋을지 나중에 상속하는 게 나을지 잘 모르겠어요."

이 경우, 증여세를 계산하면 약 4,800만 원 정도 나온다. 이 아파트가 값이 오를 수 있다면 증여도 좋은 방법이다. 하지만 증여 후 10년 이상의 시간이 있어야 상속세에 영향을 받지 않을 수 있다. 배우자 공제 및 일괄 공제의 합이 10억 원으로 인정된다. 결국 무엇이 좋은지 당장에 판단할 수 없다. 답은 시기마다 전부 다르기 때문이다.

한 장관 후보자의 딸이 외할머니로부터 증여를 받은 과정이 보도된 적이 있다. 고위 공직자가 될 사람으로서 도덕성에 문제가 된다는 지적도 있었다. 증여받은 상가 건물의 임대료 소득을 받고 증여세를 회피한 의혹 등 때문이다. 이 경우의 절세 방안은 문제 될 것은 없지만 비난은 피하지 못했다. 조부모가 손녀에게 직접 증여하는 것을 '세대 생략 증여'라고 한다.

증여가 좋을까, 상속이 좋을까? 결론의 답은 "그때그때 다르다". 『국세청 세금 가이드』에는 많은 사람이 알 수 있게 증여를 통한 절세 방법과 세대 증여의 장점을 안내해놓았다. 하지만 이 역시 가족의 여러 사항을 고려하여 결정해야 하므로 전문가와의 상담이 필요하다.

'증여'는 생전에 부동산 명의 이전, 혹은 금전을 지급하는 행위를 뜻한다. '상속'은 사망 이후 상속인으로서 또는 유언을 통해 재산을 물려받은 것을 의미한다. 이 둘의 차이를 보고 증여가 좋을지 상속이 나을지 고민해보기 바란다. 이제는 증여에 대한 정보가 많아져 이에 대한 이해도도 높아졌다. 국세청 발표에 의하면, 재산 증여가 많이 이루어지고 있다. 증여는 단순히 세금을 줄이는 것 외에 다른 가족이 원하는 일을 하게 돕거나 새로운 수익을 창출할 수도 있다.

(1) 직계존비속, 즉 상속인에게 증여 후 10년이 지나면 상속 재산에 포함되지 않는다.

증여는 증여 상속 재산에서 제외되므로 상속세 절세의 효과가 나타난다. 예를 들어 5억 원의 건물을 증여했는데 10년 된 해에 증여자가 사망했다면 당시 이 건물이 10억 원의 가치로 올랐어도 상속 재산으로 계산될 때는 여전히 5억 원이다. 만일 증여자가 사망한 지 11년째라면 상속 재산에 아예 포함되지 않는다. 이처럼 가치가 올라갈 것으

한 권으로 끝내는 상속의 모든 것

로 예상되는 자산의 증여는 의미가 있다.

　(2) 증여세는 수증자를 기준으로 세율을 적용하지만 상속세는 피상속인이 남긴 상속 재산의 전체가 기준이다.

　만일 4명의 자녀에게 40억 원을 증여한다면 10억 원의 증여세는 2억 4,000만 원, 4명이니 9억 6,000만 원이다. 그러나 40억 원이 상속될 경우 세금은 누진세이므로 50% 부과된다. 그러면 15억 4,000만 원을 납부해야 하므로 증여세의 절세 효과가 있다.

　하지만 이것은 이해를 위해 단순히 계산한 것이다. 다른 자산이 있을 경우는 고려하지 않았기 때문에 정확한 판단을 하기는 어렵다.

　만일 총자산이 10억 원 이하로 예상된다면 미리 증여하지 않아도 된다. 증여세를 납부해야 하기 때문이다. 상속은 공제 금액이 커서 배우자가 있다면 10억 원은 세금을 내지 않아도 된다.

　(3) 주택 구매 등 자산을 부부 공동명의로 한다.

　증여와 상속의 금액이 크다면 세금은 그만큼 더 커진다. 예를 들면 10억 원을 증여할 때 증여세가 2억 4,000만 원이라면 100억 원을 증여할 때는 증여세가 45억 4,000만 원이다. 즉 자산은 10배가 늘어났는데 증여세는 20배가 늘어났다. 따라서 자산 분산은 절세 효과가 있다.

　집이나 상가를 구매할 때 개인으로 사느냐, 공동명의로 사느냐에 따라 나중에 상속 증여세 부담이 달라진다. 언젠가는 발생할 2차 상속 대비도 할 수 있다.

(4) 부동산 증여 시는 개별 공시 지가가 고시되기 전에 검토한다.

지역별로 차이는 있지만 증여세는 매년 3~6% 정도 보통 상승한다. 증여세를 줄이려면 대책이 필요하다. 전년도보다 증여세가 높아질 것 같다면 기준 가격이 고시되기 전에, 비교적 낮게 고시될 것으로 예상되면 고시 후에 증여하면 세금을 줄일 수 있다.

증여세를 산정할 때 당해 연도의 기준 가격이 고시되어 있으면 새로 고시된 기준 가격을 적용한다. 당해 연도의 기준 가격이 고시되어 있지 않으면 전년도 기준 가격을 적용한다. 즉 그해에 같은 내용의 자산을 증여하더라도 가격 고시 전과 후에 따라 세금이 달라질 수 있다. 보통 단독·공동 주택은 개별 공시 지가가 매년 5월 말에 고시된다.

기준 가격의 상승, 하락 여부는 국토해양부 홈페이지www.molit.go.kr를 통하여 고시 2~3개월 전에 알 수 있다. 공람 기회를 활용하여 미리 확인한 후 계획한다.

(5) 부동산은 상가, 단독 주택, 아파트 순서로 증여한다.

증여는 저평가된 자산부터 증여하는 것이다. 개발 호재가 있는 인근의 부동산, 택지 개발 예정 기구 내의 토지, 재개발 또는 재건축 예정 지역 내의 주택, 일시적으로 저평가된 주식 및 펀드 등이 해당된다.

① 상업용 건물: 가치가 예상되고 현재 저평가된 상태라면 수증자인 자녀 소유 때 더 많은 가치 상승과 수익을 기대할 수 있다. 부모가 보유하고 있는 상가 외에도 다른 소득이 있다면, 상가 임대 소득과 다른 소득을 합산해 높은 종합 소득세를 부담하게 된다.

그러나 자녀에게 상가를 증여하면 임대 소득 금액만큼 원래 소유자의 종합 소득세가 감소한다. 수증자는 임대 소득에 대한 세금을 내야 하지만, 대부분 부모보다는 소득이 낮으므로 낮은 세율이 적용된다. 또한 자녀에게 매년 임대료 수입이 발생하므로 자녀 명의로 소득이 계속 축적되어 상속세 등의 재원으로 활용할 수도 있다. 이렇게 쌓인 소득은 자녀 명의로 집을 사는 등 자산 관리의 자금 출처로도 유용하다. 또한 자녀는 종신 보험에 부모를 피보험자로 가입시키면 부모의 상속 재산에 포함되지 않아 절세 효과도 볼 수 있다.

② 단독 주택: 특별한 경우를 제외하고는 개별 주택 가격(4월 말 고시)으로 증여 재산을 평가한다. 개별 주택 가격은 해당 단독 주택의 토지만 평가한 개별 공시 지가의 50~70% 정도로 평가되기 때문에 증여하기에 유리하다. 건물 증여 재산 평가를 할 때 건물의 대지 부분은 개별 공시 지가로 평가하고 대지 위의 건물 부분은 상속 증여세법에서 정한 평가 방법으로 건물 용도와 면적, 구조, 취득 연도 등을 고려하여 산정한다. 단독 주택의 고시가액은 토지의 개별 공시 지가의 50~70% 사이가 일반적이다.

③ 아파트: 증여 재산가액 평가 시에 실제 거래된 매매 사례 가액을 사용한다. 아파트는 거래가 빈번하기 때문에 증여 시 절세 받기는 어렵다. 그러나 장기적으로 볼 때 상속세를 줄이는 효과가 있다. 하지만 아파트는 가치 하락 역시 낮으므로 부모의 주택 연금으로도 활용하기 좋다. 거주 주택은 절세보다 삶의 질과도 관련 있다.

(6) 부담부 증여는 고민해야 한다.

부담부 증여는 부담을 주는 증여다. 즉 증여하는 건물에 묶인 대출까지도 증여하는 것이다. 이것은 수증자 입장에서 보면 총 증여 금액이 대출만큼 감소하는 효과가 있어 증여받는 총액을 줄여 증여세를 적게 낼 수 있다. 물론 이를 상환하는 것 역시 수증자가 담당해야 한다. 유념해야 할 것은 대출 금액만큼은 양도가 발생하는 것과 같아 증여자 입장에서는 양도세를 내야 하므로 꼭 계산해보고 실행해야 한다. 단, 소득이 있는 자녀가 있어 상환 능력이 있을 때만 가능하다.

양도세가 더 많이 나올 것으로 계산되면 일반 증여가 좋다. 이런 부담부 증여는 국세청의 특별한 사후 관리 대상이다.

(7) 증여를 포함한 모든 자산의 이동에 관한 증빙을 챙긴다.

세금은 신고로만 끝나는 것이 아니라 국세청의 조사(확인) 과정을 거친다. 특별한 경우라면 소명을 해야 할 때도 있다. 관련된 모든 증빙은 준비하고 챙긴다. 자금을 송금할 때도 통장에 기장하는 습관을 들인다. 작은 것도 자료가 된다는 생각으로 꼼꼼히 챙긴다.

(8) 증여일부터 3개월 이내로 양도 및 담보 제공은 하지 않는다.

증여 신고는 기준가액으로 했지만 실제 거래가 생기면 실제 거래 가격으로 증여세가 산정된다. 담보 제공 시 역시 해당 기관에서 물건에 대한 평가를 하므로 증여 신고한 가격과 변동될 가능성이 많다. 따라서 받은 수증자는 최소 3개월 이상은 자산을 움직여서는 안 된다.

한 권으로 끝내는 상속의 모든 것

(9) 증여와 상속세 구조

구분	증여세	상속세
시기(성격)	생전(무상 계약)	사망(재산상 법률관계의 승계)
납세 의무자(과세 방식)	수증자(유산 취득세 방식: 증여한 재산을 받은 각자가 자신이 받은 만큼에 대한 세금을 각각 납부하는 방식)	상속인(유산세 방식:상속한 전체 재산을 기준으로 세금을 부과하는 방식. 전체가 과세 표준이 되므로 일반적으로 불리함)
재산 평가	시가원칙, 보충적 평가	시가원칙, 보충적 평가
계산 구조	과세 표준(증여 재산가액-증여 재산 공제)x세율-누진 공제= 납부 증여세	과세 표준(상속 재산가액-상속 재산 공제)x세율-누진 공제= 납부 상속세
세액 공제액	·배우자: 최대 6억 원 ·성인 자녀: 5,000만 원 ·미성년 자녀: 2,000만 원	·일괄공제: 5억 원 ·인적공제: 5억~최대 30억 원 (배우자, 자녀, 연로자, 장애자) ·금융 재산 공제: 최대 2억 원

상속·증여세율 및 누진 공제액	증여세와 상속세는 과세 표준/세율이 동일하다		
	과세 표준	세율	누진 공제 금액
	1억 원 이하	10%	–
	5억 원 이하	20%	1,000만 원
	10억 원 이하	30%	6,000만 원
	30억 원 이하	40%	1억 6,000만 원
	30억 원 초과	50%	4억 6,000만 원

신고 기한	증여일이 속하는 달의 말일부터 3개월 이내	상속 개시일이 속하는 달의 말일부터 6개월 이내

· 수증자가 손자, 손녀인 경우에는 증여세 산출 세액 30%를 할증하고, 손자, 손녀가 미성년자이고 증여 재산가액이 20억 원을 초과하는 경우에는 40%를 할증한다.

· 직계존비속 증여 10년, 비상속인에게의 증여는 5년이 지나지 않은 자산은 향후 상속 개시되면 상속 재산으로 합하여 과세하게 된다.(비상속인은 며느리, 사위, 자녀의 자녀 등 비상속인을 고려하여 증여한다면 5년 상속 재산 합산 기간 활용 가능으로 상속세 절세가 가능하다.)

· 위의 표는 일반적인 이해를 돕기 위한 기본 내용이며 국세법의 상속세 및 증여세법(국가법령정보센터http://www.law.go.kr)을 참조하고, 실제 신고 시에는 세무 대리인의 도움을 받기 바란다.

예를 들어보겠다. 과세 표준이 50억 원일 경우 상속세는 19억 3,800만 원이고, 50억 원을 각 5명에게 10억 원씩 증여한다면 각 2억 2,800만 원(총 11억 4,000만 원)이다.

단순 비교로 위의 차이에서 보면 7억 9,800만 원으로 증여가 유리하지만, 증여 후 10년 내 사망 시는 50억 원이 상속 재산으로 포함되어 다시 상속세를 부과하게 된다. 물론 납입한 증여세는 공제받는다. 즉 증여는 재산을 증여한 사람의 현재 건강 상태, 남은 여명에 관한 부분도 고려해야 한다.

앞의 표에 나온 공제처럼 상속은 공제 금액이 매우 크다. 기본적으로 배우자가 있다면 10억 원이 공제되고, 단순하게 10억 원이 있고 다른 재산이 없는 경우라면 굳이 증여로 세금 발생을 할 필요가 없이 상속으로 가는 것이 유리할 수 있다.

어느 것이 좋은지는 각자의 가족 상황과 재산 규모, 재산 구성 내용 등에 따른다. 재산 규모가 적다면 증여보다 상속이 유리하나 이 역시도 다각도로 고려하는 것이 좋다. 단, 급격한 상승이 예상되는 부동산, 주식 등이 있다면 증여를 검토해보자. 향후 상속 재산 계산 시 기 증여한 이와 같은 재산은 증여 당시의 가액으로 상속 재산에 포함하기 때문에 전체 상속 재산을 줄이는 효과가 있게 된다.

이처럼 증여세를 기준으로 재무적 부분을 적었지만 자산은 그보다 비재무적인 요소, 즉 가족 관계, 자녀들의 상황, 가족 경제 상황 등 한 번에 말하기 어렵다. 단, 재산을 소유한 주체가 되는 사람의 의지와 가족 안에서 공통적으로 긍정적인 쪽의 방향으로 맞추어 지속적으로 계획해나가며 실행해야 한다. 한쪽으로 편중되기보다 적절한 증여를 활용하고 이후 상속도 고려하여 준비하는 지혜를 발휘하는 것이 좋다.

(10) 증여세의 재산 평가 방법

증여 상담을 하다 보면 세금 없는 공제한도에 집중하여 진정한 증여의 의미를 잊어버리는 사람들이 종종 있다. 진정한 증여의 목적은 부를 잘 승계하여 가족과 가문을 잘 영속시키는 것이다. 세금 절약만 바라보면 본래의 목적을 잊어버리기 쉽다.

잊지 말아야 할 것은 증여의 목적을 상기하면서 진행되는 자산 관

구분	보충적 평가 방법
토지	개별 공시 지가
아파트, 오피스텔	기준 시가
상가, 기타 빌딩	토지: 개별 공시 지가, 건물: 국세청 건물 기준 시가
단독, 다가구	개별 주택 공시 가격
예금, 적금	기준일 현재 예금 총액+미수 이자×(1− 원천 징수 세율)
상장 주식	평가 기준일 기준 전후 2개월간의 종가 평균 또는 최종 시세 가액
비상장 주식	(1주당 순손익 가치×3+1주당 순자산 가치×2)÷5=비상장 주가 ・부동산 과다 법인(부동산 및 타 법인 주식이 차지하는 비중이 50% 이상) 경우 →50% 이상 시 2:3 비율로 평가(즉 자산 가치 비중을 높임) →부동산 80% 이상일 경우: 순자산 가치로만 평가 ・주당 순손익 가치=1주당 3년간 가중 평균 순이익÷10% ・주당 순자산 가치(주당 하한가 80%)=법인의 순자산 가액÷총 발행 주식 수

・공시 지가 확인: 국토해양부www.realtyprice.kr/www.molit.go.kr
・공시 지가와 기준 시가로 평가되는 건물은 시가보다 공시 지가로 평가하는 데 시세 대비 60~80% 전후로 낮게 형성되어 있으므로(지역 편차 있음) 현금 증여보다 세액을 줄일 수 있다.

리가 목표가 되어야 한다. 세금을 내더라도 좀 더 적극적인 증여 관리로 활용해야 한다. 이를 통해 언젠가 발생될 상속세를 줄이는 것은 자연스럽게 따라오는 세금 절세라고 봐도 틀리지 않다.

지금 증여 10억 원을 해서 증여세 2억 2,500만 원을 내더라도 필요한 증여는 적극 검토해야 한다. 즉 상속세를 줄이는 것만 생각했다가 10년 내 상속 개시가 되면 세금 줄이는 것 말고는 큰 의미가 없게 된다.

현명한 금융 상품 솔루션 사용법

수많은 금융 상품이 존재한다. 그중 증여와 상속의 가치를 높여주며 활용할 수 있는 솔루션이 있다. 가장 많이 활용되는 보험과 신탁으로 예시를 들겠다.

아래의 금융 상품들은 금융업 현장에서 매우 많은 사람이 계약하는 상품이다. 상속세 재원으로 안내하고 가입하기는 하지만 상속 공제가 5억 원에서 최대 30억 원까지 되기 때문에 이전까지는 상속세에 대한 고민이 크지 않은 경우도 많았다. 하지만 사회 구조 변화와 장수가 같이 맞물리면서 서서히 물 위로 올라오는 추세다. 가입 이유는 첫째, 가족 위험 대비다. 둘째, 상속세 재원 준비 마련이다. 마지막으로 가족 정신을 이어가기 위한 다른 용도다.

(1) 보험: 종신 보험으로 상속세 재원 준비하는 법

종신 보험은 이름 그대로 종신토록 보장받는 상품이다. 자신을 위해서가 아니라 자신 이외의 가족과 다른 사람을 위해 가입하게 된다. 이 보험금의 사용으로 큰 상속세의 짐을 덜 수 있게 된다. 그래서 상속세 재원 마련으로 많이 가입하는 상품으로 종신 보험을 가장 먼저 꼽는다. 경제적이면서 안전하게 재원을 확보하는 방법이지만 피보험자의 건강, 납입할 여유가 있어야 가입할 수 있으므로 건강할 때 미리 계획적으로 들어놓아야 한다.

소득이 있거나 운용 수익이 생기는 원천 자산을 증여받은 배우자나 자녀를 계약자와 수익자로 하여 상속 재산에 합해지지 않도록 보험료 납입을 준비해야 한다. 상속세 재원으로써의 종신 보험은 부부가 위와 같이 서로 피보험자와 계약자로 교차 가입하는 것이 좋다. 상속세 재원 마련 계획은 만족스러운 자산 승계 계획으로 사용이 용이하다.

① 자녀가 소득이 없는 경우는 계약자를 부모로 가입하였다가 소득이 발생할 때 계약자, 수익자를 자녀로 변경한다. (당시까지의 보험료는 증여로 계산), 소득 있는 자녀는 부모를 피보험자로 바로 가입 가능하다.

② 부부가 서로 보험을 가입하는 것은 2차 상속 대비에도 유용하다. 부부가 서로의 보험금으로 상속세를 납부하게 되므로 자녀들은 상속세를 내지 않고도 상속이 가능하다. 1차 상속 개시 이후에 남은 배우자 명의의 계약자, 수익자를 자녀로 변경한다. 자녀는 상속세 부담이 없으며 조기 사망, 장기 생존 등에도 유리하다.

한 권으로 끝내는 상속의 모든 것

보험 가입 시 과세 여부

계약자	피보험자	사망 시 수익자	보충적 평가 방법
부모	부모	상속인	부모 사망 시 보험금이 간주 상속 재산으로 합산하여 상속세 부과
모	부	자녀	아버지 사망 시 보험금을 어머니가 증여한 것으로 보아 증여세 부과
자녀	**부모**	**자녀**	**자녀가 보험료 납입한 것으로 보아 상속 재산에 합산하지 않음**
부	**모**	**부**	**아버지가 보험료 납입한 것으로 보아 상속 재산에 합산하지 않음**
모	**부**	**모**	**어머니가 보험료 납입한 것으로 보아 상속 재산에 합산하지 않음**

· 상품에 따라 본인이 피보험자로 가입하고 자녀가 성인이 되면 피보험자를 변경할 수 있는 상품도 있다.
· M사 생명 보험 예: 10억 원 가입 시 50세 남자 20년납 기준 월 보험료 약 300만 원(가입 시 보험금은 10억 원이지만 시간 경과에 따라 보험금이 증가한다).

③ 가입 형태에 따라 정액, 변액 종신 보험이 있다. 일정 기간 보장
은 정기 보험으로 가입한다.

④ 상속세는 미래에 발생될 세금을 미리 준비하는 것이므로 가입
시 미래 자산을 대비해 가입해야 한다. 자산에 대한 인플레이션
및 자산 구조 변동, 가치 증가도 고려해야 한다.

종신 보험은 일반적인 적금 상품이 아니다. 종신 보험은 생명을 담
보로 하는 숭고한 상품이며 가치를 승계할 수 있는 안전장치다. 상속
세 재원으로 사용된다는 것은 현재의 상태를 지키려는 의미다. 세금

의 재원 외에도 가족 합의에 의해 다양하게 사용될 수 있다.

종신 보험을 활용하여 증여 계획을 세우는 경우도 있다. 즉 계약자는 부모, 피보험자는 부모가 가입한 후 자녀가 성년이 되면 자녀 명의로 계약자를 변경한다. 이런 경우 부모 1세대에 이어 2세대인 자녀까지도 장기간 유지가 가능하다. 증여세 공제한도 내인 경우에는 증여세를 내지 않는다. 단순 저축이 아닌 수익을 내고 싶다면 변액 보장성 상품을 가입한다. 이것을 '비과세 통장'이라고 부르기도 한다. 부모의 사망 보장과 피보험자 변경도 가능하므로 적절한 시기에 피보험자 변경을 결정하면 된다. 이런 상품은 가입한 해당 금액만 불입하는 것이 아니라 가입 금액의 2배까지도 납입, 운용이 가능하다. 주의할 것은 자녀에게 증여하기 전에 부모가 사망하면 상속 재산에 포함되므로 전문가와 상의한 후 진행해야 한다.

이런 장기간의 상품을 준비하고 증여하는 과정은 자녀에게 금융을 이해하고 자산 관리를 가르치는 학습 효과도 있다. 세금이 필요 없고 보장이 준비되어 있어도 다음 세대를 부자로 만들기 위해 자산 증식의 방식으로 종신 보험에 가입하기도 한다. 현재의 부동산은 장남, 장녀에게 증여하거나 상속하고, 종신 보험은 다른 자녀가 수령하도록 수익자를 정해놓아 분쟁을 방지할 수도 있다.

종신 보험은 이와 같이 여러 장점이 있지만 단점 역시 존재한다. 바로 다른 생명 보험에 비해 비싸고 중도 해약 시 정기 보험보다 더 많은 손해를 보게 된다. 상속세 재원으로 활용하려면 계약 상태 그대로 가입 상태를 오래 유지해야 하므로 가입 전에 여러 상황을 고려해야 한다.

(2) 보험: 장애인 보험금 비과세 활용법

장애인은 부모나 다른 형제 등에 의존한다. 장애인의 보호자인 부모가 사망하면 우려는 더 커진다. 그래서 부모는 장애 아동보다 하루라도 더 살기를 바란다. 이런 걱정을 대비하는 방법은 보험 가입과 신탁을 겸하면 좋다. 장애인을 위한 신탁 재산이 5억 원까지 증여세 없이도 과세불산입되며 연금 같은 상품은 연금 1년 총액 4,000만 원까지 받도록 보험금 비과세 제도를 시행하고 있다. 연간 4,000만 원을 수령하려면 일시금으로 보통 9~10억 원 전후가 필요하다. 즉 자녀가 살아 있는 동안 연금을 수령할 수 있게 된다. 이렇게 신탁과 보험을 활용하면 장애인 자녀에게 14~15억 원 정도를 세금 없이 증여할 수 있다.

(3) 보험: 정기 보험으로 저렴하게 상속세 재원 준비하는 법

종신 보험은 만기가 없이 평생을 보장하는 보험이라면 정기 보험은 환급, 수익 없이 가장 저렴한 보험료로 우리가 일정 기간 생명에 대한 보장을 담보로 가입하는 보험이다. 10년, 20년 등 상품에 많이 가입하며, 종신 보험의 기능은 같으나 일정 기간만 보장받는다는 차이가 있다. 이러한 보험을 '순수형'이라고 한다. 이런 보험은 법인의 임원, 핵심 인력에게 복리후생을 넘어 회사 기여도나 중요성에 대비해 가입한다.

이 보험은 환급이 없는 상품이므로 법인세를 줄일 수 있다. 이를 통

계약자	피보험자	수익자
법인	임원	법인

해 임원의 가족을 위한 대비가 가능하며 임원 부재로 생기게 되는 회사 경영을 위해 사용될 수도 있다. 정기 보험으로 받는 보험금은 수익자인 법인에서 관리하게 된다. 직원의 복리 후생비이므로 회사 수익으로 돌아오는 것은 아니다. 정기 보험의 특징은 다음과 같다.

① 납부 단계부터 매년 법인세 감면 효과를 갖게 된다.
② 비용 처리도 가능하지만 만기 직전에는 환급 효과를 보게 되는 보장성 상품이다.
③ 핵심 인력 사망 이후 법인이 보험금을 수령한다.
④ 보험금은 유족에게 비과세로 지급되며 이를 활용하여 생활 자금 및 상속세 마련 재원, 또는 가족의 부채 상환 및 기타 용도로 사용이 가능하다.
⑤ 핵심 인력의 유고에 대한 위험 대비가 가능하다(CEO 포함).
⑥ 매년 비용 처리되어 주식 가치 하락에도 도움된다(생산적 비용).

(4) 보험: 해외 보험 활용법

해외 보험은 우리나라에서 인터넷을 통하거나 직접 해당 나라에 방문해 보험에 가입할 수 있다. 이 보험은 예전에는 재산을 숨기는 방법으로 활용되었다면 지금은 다자간 금융 정보 자동 교환인 CRSCommon Reporting Standard로 인해 계좌 잔고 및 가입 여부를 나라 간 공유하고 있으므로 불가능하다. 하지만 보험료가 저렴하고 가입 한도가 높다는 장점도 있어 자산 포트폴리오 및 보장 자산 준비에 좋을 것이다. 단, 나라 간의 세금 및 가입하는 화폐 단위 등을 꼼꼼히 비교하여 진행하는 것이 좋다. 수령하는 보험금이 상속 재산에 포함되는지의 여부는 국내 가입과 같은 조건이며 보험 차익 역시 국내 세법에 적용된다.

(5) 금융 기관: 신탁을 효율적으로 활용하는 법

기타 상속 관련 고민 중 비재무적인 부분은 신탁으로 해결할 수도 있다. 세금은 별도의 문제이므로 세금 발생 시 증여세, 상속세, 양도세 등의 모든 세금은 납부해야 한다. 가족 중 장애인이 있는 경우에는 신탁 제도와 상증법상의 규정을 이용한 장애인 부양 신탁과 연금 보험 상품을 이용하면 상속세나 증여세를 줄일 수 있으면서 장애인의 안정된 생활 자금 확보를 가능하게 한다. 금전, 부동산 등 재산을 금융 기관 즉 은행, 증권사, 신탁사 등에 맡겨 어떻게 사용되기를 원하는지 상의하여 방안을 결정하고 진행하면 된다.

① 유난히 걱정되는 (철부지, 무분별한 낭비벽 등) 자녀에게 신탁 기간 동안은 생활비만 주고 건물 처분을 불가능하게 한 후 일정 시기 (부모 유고 시 또는 자녀가 성인이 된 시점)에 주고 싶다.

② 부모 유고 시 미성년자의 생활 보호를 책임지다가 성인이 되면 유산을 물려주고 싶다.

③ 부모 사후에 있을 다른 자녀들에 의한 재산 침해를 막고 장애인 자녀의 생활을 지켜주고 싶다.

④ 재산을 달라는 자녀가 있지만 이전하면 부양을 하지 않을 것 같아 임대 건물을 물려주되 수익은 부모가 받다가 사후에 물려주고 싶다.

⑤ 자녀 부부가 이혼할 가능성이 예상되어 본인 사후 그 손자녀의 생활비를 지급해주다가 손녀나 자녀가 일정한 나이가 되면 명의 이전을 해주고 싶다. 이혼하면 상속받은 재산이 분할된다.

⑥ 치매 증상이 오거나, 배우자가 병상인 경우에 대비하여 미리 자산 관리를 신탁 회사에 의뢰해 유언의 형식처럼 자산 배분을 하고 싶다.

⑦ 만약의 경우를 대신해 유언장 대신 신탁 회사를 통해 자산을 관리받다가 상속하고 싶다.

자본주의 국가에서는 자산 이전 과정에서 발생되는 상속세를 낸다. 자산의 방향과 세금의 재원을 미리 준비해야 하는 것은 필수다. 부동산이 자산의 큰 부분을 차지하는 우리나라의 현실에서는 더더욱 재원에 대한 준비가 필요하다. 상속세의 재원이 상속 자산에 포함되지 않도록 절세의 지혜를 동원해야 한다. 이때 종신 보험이 대안이 될 수 있다. 미국을 포함한 세계적으로 많이 활용되는 재원의 방법이지만 이를 많은 사람이 놓치고 있다.

보험 중 종신 보험은 생명을 담보로 한 숭고한 상품이다. 세금 재원의 준비로 자산을 다음 세대에게 잘 이전해주기 위한 상속세 재원이다. 남겨진 가족의 생활을 위한 사랑의 지킴이 역할을 한다. 경영하는 회사를 굳건히 지키기 위한 방법이기도 하다. 지금은 자산이 없지만 다음 세대에게는 적절한 부의 자산으로 부자를 만들어주기 위해, 또 누군가는 공익사업에 기부하기 위해 가입한다.

한 권으로 끝내는 상속의 모든 것

상속세는 장기 세금 계획을 세워 미리 대비하자

상속세는 사망을 한 경우 상속받은 재산에 대하여 내는 세금으로, 언제 사망을 할지 또 사망할 당시의 재산이 얼마나 될지 등을 알 수 없기 때문에 세금 계획Tax Planning을 세우기가 쉽지 않다.

그렇다고 아무런 대비도 하지 않고 있다가 갑자기 상속이 개시되면 안내도 될 세금을 내야 하는 경우가 생긴다.

상속세 세금 계획은 자녀들이 세우기 매우 곤란하다. 부모가 생존해 있는데 사망을 전제로 하여 계획을 세운다는 것이 불효를 저지르는 것 같기 때문이다. 재산의 분배 처분 등에 대한 결정은 피상속인이 해야 한다. 상속인들이 할 수 있는 방법이라야 상속이 개시되고 나서 세법에서 인정하고 있는 각종 공제 제도를 활용해야 하는 것인데 이는 근본적인 대책이 못 된다. 따라서 상속세 세금 계획은 피상속인이 세워서 대비하는 것이 바람직하다.

상속세 세금 계획을 세울 때는 다음 사항을 고려해야 할 것이다.

1) 상속 대상 재산 파악
현재 상황에서 상속세 과세 대상이 되는 재산이 어떤 형태로, 어느 정도의 규모로 구성되어 있는지를 파악한다. 왜냐하면 부동산, 예금, 주식 등의 형태에 따라 평가 방법이 다를 뿐만 아니라 다른 재산으로 바꾸어 보유하는 것이 유리한지도 검토해야 하기 때문이다

2) 피상속인의 연령 및 건강 상태
예측하기 어렵고 또한 예측하기도 싫지만 피상속인이 언제 사망할 것인지를 알아야 그에 맞추어 세금 계획을 세울 수 있다.

3) 다양한 절세 방안의 모색

현행의 법 테두리 안에서 상속세 부담을 가장 최소화할 수 있는 방안을 모색하는 것이 중요하다. 선택 가능한 절세 방안이 한 가지뿐인 경우는 많지 않으므로 여러 가지 방안을 검토해서 가장 절세 효과가 큰 방안을 선택해야 할 것이다. 그러나 실제로 절세 방안을 결정할 때는 절세 효과 못지않게 피상속인의 주관적 의지가 매우 중요하다.

예를 들어 회사의 주식을 2세에게 사전에 증여하고 증여세를 내는 것이 나중에 상속세를 내는 것보다 유리하더라도 피상속인이 경영권을 계속 가지고 있기를 원하는 경우에는 채택할 수 없다.

4) 상황 변화에 따른 세금 계획의 수정

당초의 세금 계획은 그 당시의 상황하에서 수립된 것으로 시간이 지남에 따라 상속 재산의 변동, 세법 개정, 피상속인의 의중 변화 등 상황이 변한다. 따라서 상황 변화에 따라 세금 계획도 수정해야 한다.

5) 납세 자금 대책

상속세는 과세 미달자가 대부분이지만 과세되는 경우 고액 납세자가 많이 발생한다. 따라서 납세 자금 대책을 마련해놓지 않으면 상속 재산을 처분해야 하거나 공매를 당하는 상황이 발생할 수도 있다.

자녀 명의로 보장성 보험을 들어놓는다든지 사전 증여 등으로 세금을 납부할 수 있는 능력을 키워놓는다든지 연부연납 또는 물납을 하도록 할 것인지 등 납세자 자금 대책이 검토되어야 한다.

출처: '상속, 증여세 편 27장', 『세금 절약 가이드 II』(국세청, 2017)

한 권으로 끝내는 상속의 모든 것

합법적으로 상속세·증여세
덜 내는 법

상속세를 덜 낼 수는 없을까? 가장 좋은 방법은 제대로 잘 신고해서 납부하는 방법이다. 제대로 신고하면 세금을 공제해주지만 누락한 경우는 가산세를 부과한다. 최악의 경우는 조세범으로 고발하는 수도 있다. '그 많은 세금 납세자 중 나 하나 어떻게 찾아내?'라고 생각해서는 안 된다. 우리나라는 세계적 IT 국가가 아닌가? 국세청은 우리의 지갑 사정까지 꿰뚫고 있다.

상담할 때 가장 많이 하는 질문은 세금을 덜 내는 방법에 관한 것들이다. 우리는 합법적으로 세금을 덜 내는 법을 궁금해한다. 나의 답은 언제나 같다. 우문현답이 아닌 우문우답일지도 모르겠다. "세법을 잘 이해하고 숙지하여 이에 대한 방안을 실행하고 상속세 재원을 미리 미리 준비하는 것"이다.

절세의 모든 내용은 세무사가 너무 잘 알고 있다. 공제한도 등도 활용하여 잘 계산하고 신고해줄 것이다. 하지만 재원을 준비할 수는 없다. 이것은 결국 각자가 해결해야 한다. 저축을 하거나 다양한 투자로 준비하든가 보험에 가입하거나 등의 다양한 해결안을 계획하여 미리 준비하는 것 외에는 없다. 세무에 관한 여러 가지 지식과 정보를 머릿속에 담아두는 사람들은 해당 전문가들이다. 그러니 그것을 본업으로 하는 사람이 가장 잘 안다.

여러 번 강조하지만 평소 친한 관계를 유지하는 전문가들을 다양하게 알고 지내기를 바란다. 바른 정보로 불필요한 비용을 줄일 수 있는 것은 물론 효과적인 방안들을 제공받을 수 있다. 세금은 그야말로 "그때그때 달라요"이다. 절세는 상속과 증여의 이해에서부터 시작된다. 단, 계획을 하되 실행은 반드시 전문가와 해야 한다.

상속세를 줄인다는 것은 상속 재산의 규모를 줄인다는 것과 같은 말이다. 즉 사망 당시에 재산으로 되어 있는 모든 가치의 합계가 세금을 내는 기준이 된다.

따라서 평소 자산 관리에 대한 포트폴리오와 인생 계획에 반영된 자산을 평소에 사용하는 것이 가장 좋은 방법이다. 그래도 일단 상속세를 줄이려고 고민하는 것보다는 관리 방법을 알고 있으면 불필요한 세금을 줄일 수 있다. 탈세가 아닌 지혜로운 절세를 준비하여 현재 상태를 유지하고 더 나아가 좋은 방향으로 만들어가는 단단한 가문과 기업이 되어야 한다.

(1) 10년 단위로 미리 증여하자

증여에서 10년을 강조하는 것은 사망 전 10년이 넘은 자산은 상속 재산으로 합하지 않기 때문이다. 즉 마지막까지 한 사람이 재산을 움켜쥐고 있는 것을 세법에서는 좋아하지 않는다. 증여해야 자산이 흘러가고 결국 사회로 돌아간다는 이유다. 10년이 지나지 않은 증여의 세금 기준은 증여 당시의 가액으로 평가한다. 즉 시간이 지나면서 가격이 오르는 부동산, 주식 등 가치 평가가 현재는 낮지만 추후 올라갈 자산이 있다면 이를 먼저 증여한다.

증여 공제한도를 참고하여 증여세를 줄이는 방법도 있다. 한도가 넘어 증여 당시 증여세를 내더라도 증여는 상속세를 줄이는 좋은 방안 중 하나다. 증여 공제한도는 10년마다 계속 활용이 가능하니 매년 증여에 대한 관리를 해야 한다. 10년이면 강산도 변하고 새로운 증여 공제한도도 생긴다. 결혼 후 10년마다 가족사진을 찍듯이 기념으로 증여하는 방법도 괜찮다.

(2) 평소 재산 처분, 부채 관리를 꼼꼼히 하자

사망 2년 전후의 자산의 움직임은 국세청이 유심하게 체크한다. 인명재천이라 언제 어떻게 될지 모르는 것이 인생사임에도 국세청은 사망 2년 전 일어나는(물론 이후도 관리) 자산의 이동은 탈세를 목적으로 한 이동이 많다고 추정한다. 평소 사용처와 사용 내역을 정리하고 자료를 보관하는 습관을 들이면 좋다. 기업은 기업대로, 개인 역시 개인대로 별도 기록하고 증빙 자료를 잘 준비한다. 가족 거래는 특히 증여로 간주되기 쉬우므로 대차 계약서나 이자 지급에 대해 객관적으로 증빙할 수 있도록 철저히 준비해야 한다.

① 상속 개시가 예정되는 상황이라면 자산 이동에 특히 주의를 기울여야 한다. 재산을 매도해도 상속 개시 전의 자산은 이를 무시하고 매도 내용을 상속 재산에 포함시킬 수 있고, 더 중요한 것은 원래 가격이 아닌 매도 가격으로 재산 가격이 평가되어 세금을 더 내는 결과가 된다.

② 필요하다면 피상속인의 명의로 대출을 받는 경우, 채무 공제를 받아 상속세를 줄일 수 있다. 반드시 피상속인 재산에 대한 상환 등의 목적만이 인정된다.

(3) 세금의 재원을 준비한다

자산 관리만큼은 세금의 재원을 평소 염두에 두고 있어야 한다. 가장 가성비 좋은 재원 마련 방법은 종신 보험에 가입하는 것이다.

누구나 다 알지만 많이 망설인다. 당장 눈에 보이는 자동차 보험, 여행 보험, 건강 보험은 내가 살아 있을 때 효과를 볼 수 있는 가능성이 많지만 종신 보험은 나보다는 나 이외의 사람들을 위한 보험이라는 생각과 생명이 담보되기에 불편하다. 단지 세금 재원뿐 아니라 가족을 지키는 큰 보장이 있지만 사망에 대해 언급을 조심하는 동양 문화의 영향이 깊다고 할 수 있다.

증여세와 상속세를 줄이는 노력만큼 재원을 위한 보험 준비를 해야 한다. 다시 한 번 설명하겠지만 피보험자가 보험 계약자가 되지 않도

록 계약한다. 부부가 각각 계약자로 가입하는 방법이 가장 좋고, 다음
으로는 자녀가 부모를 피보험자로 가입하는 것이 좋다. 자칫하면 사망
보험금도 상속 재산에 합해져 재원으로써의 역할을 놓치기 쉬우므로
이 부분은 전문가와 상담한다.

(4) 세금이 없어도 상속세 신고를 한다

자산을 신고하지 않아 생각지도 않았던 세금을 내느라 곤혹스러운
상황에 빠지는 경우를 보곤 한다. 예를 들어 상속세를 내지 않더라도
신고를 하면 그 가격이 기준이 되고 향후 재산을 팔 때 내는 양도소득
세를 줄일 수 있게 된다. 부동산 자산이 있다면 더더욱 상속세 신고를
해야 한다. 이에 대한 평가로 상속세가 발생되는 경우라면 국세청에서
는 불성실 가산세 등 생각지도 않았던 거금의 세금을 추징한다.

가급적 신고는 하는 것이 좋다. 상속 재산을 협의 또는 유언, 법정
상속 등으로 분할하여 6개월 내 마무리가 된 이후에는 상속인들 사이
에 재산 분할 조정이 있으면 안 된다. 만약 재조정을 한다면 세법은 상
속인들 사이의 증여나 양도로 판단하므로 별도의 세금이 발생할 수
있다. 물론 6개월 이내에는 변경 가능하다.

(5) 공익 재단에 상속 재산을 출연하는 것도 의미가 있다

상속은 돈의 문제로 해결하면 그 의미가 오래가지 못한다. 피상속인
의 유언으로 상속인은 상속 개시 이후 6개월 이내에 자산을 출연하게
되면 그만큼 상속 재산에 합산되지 않는다. 종교 단체나 자선 단체,

학술 관련 등의 공공의 이익을 위하는 공익 신탁이나 법인에 기부를 한다면 세금도 줄고 진정한 상속의 가치도 남게 된다. 세무사와 상의하여 예상되는 상속세액을 계산해보고 필요하다면 공익 법인에 기부를 통하여 전체 금액을 줄여보자.

(6) 부모와 동거하면 상속세가 줄어든다

서울의 아파트 한 채의 가격도 매우 고가에 형성되어 있다. 다른 자산은 없고 집만 한 채 있는데 부모님이 홀로 계신 상태에서 상속 개시가 되었다면 공제 금액도 일괄 공제 5억 원밖에 없으므로 상속세를 낼 수 있다. 이런 경우 동거 주택 상속 공제를 활용해보자. 동거 주택 상속 공제의 조건이 되려면 피상속인과 10년 이상 동거해서 살았고 1세대 1주택을 유지 중인 경우다.

예를 들어 10억 원(채무 공제 후)의 주택 하나만을 상속받게 되었다면 일괄 공제 5억 원과 동거 주택 상속 공제 5억 원을 받으므로 상속세가 없게 된다(주택 가격의 80%에 상당하는 금액, 5억 원 한도). 같은 집에 지속적 10년 이상이 아닌, 중간에 이사를 했던 적이 있거나 학교 진학, 직장 이전, 군 입대, 질병상의 이유 등의 어쩔 수 없이 일시적 동거가 어려웠던 경우 등은 계속 동거로 인정되지만 동거 기간에는 합산되지 않는다.

또 동거 주택 상속 공제는 60세 이상의 직계 존속을 봉양하기 위한 경우의 동거에 해당되며, 상속인이 미성년자인 경우의 기간은 제외되는 점이 있으므로 꼼꼼히 따져보아야 한다.

한 권으로 끝내는 상속의 모든 것

(7) 전문가와 미리 상의하라

우리 속담에 "아는 길도 물어서 가라"는 말이 있다. 우리나라 세법은 자주 변경되고 자산의 가치 평가도 꽤 어렵다고 할 수 있다. 또 증여가 좋은지 상속이 좋은지도 단순하게 결정하기 매우 어렵다.

기업이든 개인이든 상속과 증여의 방법과 절차는 생각보다 복잡하고 어려우며 관계자들이 서로 협조해야 하는 구조다. 의사도 전문 분야가 있듯이 상속 증여 분야 또한 평소 관련된 업무를 집중하는 전문가가 잘할 수밖에 없다.

나는 금융을 컨설팅하는 것이 주된 업무이므로 재원을 마련하고 증여하는 솔루션과 투자 방향을 제안한다. 즉 각각의 전문 분야가 있으니 서로의 장점을 살려 전문가와 네트워크를 통해 협조한다. 고객과 전문가들과의 오랜 신뢰와 관계, 경험이 필요한 분야인 것이다.

세금이 발생하지 않더라도 전문가와 상의하여 예상되는 문제에 대한 의견을 주고받아야 한다. 상속세는 신고 이후에도 사후 관리와 세무 조사를 많이 하는 세금이다. 일반 세금은 제척 기간이 5년인 데 반해 증여, 상속은 최장 15년이니 제대로 하지 않으면 오히려 그 이상의 힘든 결과를 가져올 수 있다. 상속 세금이 없다고 스스로 세금 신고하기보다는 누락이 있을 수 있으니 약간의 비용이 들더라도 세무사를 통해 신고할 것을 꼭 권하고 싶다.

(8) 상속세는 임박해서 준비하지 않는다

세금 신고는 세무사가 알아서 해주지만 거기까지의 모든 평생의 전

자산에 대한 관리는 완전히 각자의 몫이다. 지식을 가지고 자산 관리를 해야 하는 것은 당연하다.

모르면 그때그때 물어가며 공부해가며 자산 관리를 하면 된다. 자산 관리는 세금 관리와 같은 말처럼 들리도록 신경을 써야 한다. 상속세를 줄이는 방법은 관심을 가지고 오랜 시간 준비하는 것이 최고다.

(9) 상속 재산

① 본래 상속 재산: 부동산, 주식, 예금, 적금 및 기타 금융 상품 등 사망 당시 본래의 명의로 되어 있는 재산이다. 금전으로 환산이 가능한 경제적 가치가 있는 물건과 상표권, 특허권, 저작권 등 법률상·사실상의 권리다.

② 간주 상속 재산: 보험금, 신탁 재산, 퇴직금 등을 가리킨다. 본래적 의미의 상속 재산은 아니지만, 그 재산을 취득한 결과 상속으로 취득하는 경우와 동일한 경제적 이익이 발생하기 때문에 조세 회피 방지, 실질 과세, 과세 형평을 위해 상속 재산에 포함한다.

③ 추정 상속 재산: 피상속인 사망 1년 이내 2억 원, 2년 이내 5억 원 이상 처분/인출 재산, 불분명한 채무 부담액을 가리킨다. 사망 전 재산 처분, 예금 인출하여 현금을 직접 증여하는 등 변칙적인 방법으로 상속세를 회피할 가능성이 높아, 이러한 행위를 방지하기 위하여 일정 기간 내 재산을 처분하거나 인출 또는 채무를 부담한 경우 그 금액이 일정 금액 이상인 경우는 상속인에게 자금의 사용처를 입증하도록 하고 있다. 즉 상속인이 사용처를 소명

한 권으로 끝내는 상속의 모든 것

하도록 한 후 이중 입증하지 못한 금액에서 일정 금액을 차감한 금액은 상속인이 현금으로 상속받은 것으로 보고 추정하는 재산을 말한다.

④ 기 증여한 재산: 사망 전 상속인에게 10년 내 증여한 모든 재산 (비상속인은 5년)을 말한다.

증여세는 바로바로 계산이 되지만 상속세를 계산하는 것은 사실상 의미가 없다. 결국 상속세는 현재 자산에 공제되는 내용을 감안해 대략 계산해볼 뿐이다.

사람의 생사는 알 수 없으며 재산의 변화 또한 예측할 수 없다. 그리고 수십 년 후 상속세가 없어질지 변할지 모른다. 어쩔 수 없이 현재의 자산 성장을 고려하고 향후 인플레이션을 반영해 대략 준비하게 된다.

자산의 증가 속도보다 세금의 증가 속도는 누진세로 인해 훨씬 빠른 속도로 늘어난다. 하지만 거기에 너무 갇힐 필요는 없다. 자산의 다양한 사용과 활용에 따라 달라지며 상속세 재원 준비가 잘되어 있다면 이는 아무 걱정이 안 될 수 있다.

아무리 강조해도 지나치지 않는 상속의 목적은 현재의 자산과 정신이 효율적으로 잘 승계되는 것이다. 한쪽으로만 기울어지는 이전은 여전히 안타까운 일이다. 워낙 증여, 상속세율이 높아 이런 세금적인 문제로 고민하다 보면 세금에 몰입되기 쉽다.

자산 이전이 되면 당연히 금융 소득 종합 과세 해당자가 된다. 이는 의료 보험과 국민연금을 얼마나 더 내느냐의 작은 문제가 아니다. 금융 소득 종합 과세 해당자는 조사 우선 대상이다. 문제는 우리가 절세에 몰입하다가 탈세인지도 모르는 절세를 무리하게 진행한다면, 자산을 수여한 자녀 세대에서는 생각지도 않은 국세청 세무 조사를 받게 된다는 점이다. 이것은 세금 납세를 잘한 것과는 무관하게 일어난다.

상속은 가치를 빼면 아쉬운 부분이 너무 많다. 세금의 무게로 진정한 상속의 가치를 놓치지 않기를 바란다.

가업 승계를 이용한 절세법

"위대한 영웅인 최고 경영자가 치러야 할 마지막 시험은 얼마나 후계자를 잘 선택하는가와 그의 후계자가 회사를 잘 경영할 수 있도록 양보하는가다." 경영학의 창시자로 불리는 피터 드러커Peter Drucker의 말이다.

우리나라 기업의 대부분은 가족 기업이다. 세계적으로도 일부 몇 개 기업을 제외하면 대부분 창업주와 가족들이 일궈냈다. 그만큼 가족의 빠른 의사 결정, 신뢰 등과 같은 부분은 기업이 성장하는 데 이점으로 작용한다. 전쟁 이후 급격한 성장을 해온 많은 기업은 매출 및 수익 구조 등 성장에 집중하고 경쟁 우위에 서기 위해 고군분투한 역사를 가지고 있다. 그러면서 가업이 오히려 자신들을 대언할 만큼 혼신을 쏟아왔다. 최소한 몇십 년 정도 된 기업들의 경영자들이 지금은 대부분 물러나고 2대가 역동적으로 경영하는 곳이 많으며 서서히 3대로의 승계 과정에 있다.

2017년 조사에 의하면, 이전보다 오래된 기업 숫자가 줄고 있다고 하는데 그 이유 중 하나가 가업 승계의 세금 관리 등이라고 한다. 게다가 최근 상속 공제 특례 기간이 늘어나 점점 세금 혜택받기가 어려워지고 있다. 중소기업 대부분이 해당되지는 않지만 법인세 최고 구간이 기존 22%에서 25% 상향되는 구간이 신설되었다. 기업을 하는 입장에서는 위축되는 분위기는 어쩔 수 없다. 이와 같은 정책이 아니어도 실질적으로 기업을 경영하고 이어가려면 많은 고비를 넘어야 한다.

가업 승계란 현재 오너의 은퇴를 말한다. 기업에 관해 가장 잘 아는 사람은 초대 창업자다. 창업자의 열정과 애정을 따라갈 사람은 아마 없을 것이다. 그렇지만 삶은 유한하고 기업은 잘 관리하면 우리 수명보다 훨씬 더 긴 기업 인생을 살아갈 수 있다.

많은 사람을 먹여 살리는 사회 공헌이 바로 기업이라고 생각한다. 다음 CEO에게 물려주기 위한 방안을 강구하는 것도 현재 CEO의 책무 중 하나다.

CEO는 가업 승계를 통하여 경영권과 소유권 계승을 지혜롭게 해야 한다. 재무 상황과 회사의 다양한 구조, 지분과 임원 등의 주기적인 방향성에 대한 관심도 다 같이 가져야 한다. 회사를 설립하여 성장시켜온 만큼 이제 이전에 대한 관심과 계획에 공을 들여야 한다.

초기 기업의 대표들과의 상담은 대부분 평행선이다. 공장도 증설해

한 권으로 끝내는 상속의 모든 것

야 하고 주문도 받아야 하고 개발도 해야 하는 등 산재한 문제가 산더미인데 세금 이야기는 그야말로 배부른 소리로 들리기 때문이다. 상장기업은 개인이 아닌 사회의 것이라 여기고 은퇴하며 전문 경영인에게 계승한 풀무원의 남승우 대표의 모습이 회자되고 있다. 아름다운 퇴장이지만 가족 기업의 특성이 유지되어야 하는 사업이거나 아직 안정 단계가 아닌 기업, 기업 시스템, 기업 재무 등 다양한 문제 앞에서 이같은 승계는 사실상 쉽지 않다. 상속세를 100이라고 한다면 현재 상속 세법 기준으로 단순 계산해도 2대에는 50이 남는다. 3대에서는 25가 남는 것이 현재의 구조다. 사실상 기업이 커지면 커질수록 세금 부담도 같이 커지게 되며 대표들은 이를 대개 공감한다. 그러니까 현실적으로 기업 영속은 많은 부담이 된다.

가업 승계를 이용한 절세 방향에 대해 고민이 많았다. 현장에서 상담 과정 중 가업 상속 공제와 증여 특별 공제 등의 공제 선택을 어려워하는 대표가 많았기 때문이다.

무엇보다 창업주 시대에는 고민하지 않아도 되는 지분 문제들이 대두되기 시작하는 시대다. 가업 승계 공제의 혜택을 받아도 향후 이어갈 후계자인 상속인이 가업에 종사하고 일정 기간이 지나야 한다. 업종을 10년 이상 유지해야 사후 요건을 충족시킬 수 있다.

무한 경쟁의 시대에 그 어떤 사업도 고용 인원을 유지하며 10년을 버티기란 특별한 경우 외에는 외줄타기와 같은 불안함이 있다. 하지만 기업 경영을 하는 이상 열정을 다해 회사를 키워왔고 굳건히 성장시켜야 한다. 기업을 일궈온 가치 역시 물려주어야 하니 향후 회사에 자신의 비전을 담아 잘 성장하도록 승계할 계획을 수립하고 하나씩 실행해야 한다.

가업 승계를 제대로 하려면 많은 시간이 필요하다. 승계와 동시에 창업주의 은퇴 플랜도 같이 진행해야 하니 마음도 바쁘다. 일단 후계자가 우선되어야 한다. 남녀, 나이를 떠나 기업을 잘 이해하고 운영할 자녀가 최우선이다. 이 후계자를 당연히 잘 가르쳐야 하고 소통이 되도록 해야 한다. 그간 경영해온 큰 그림과 가치를 후계자에게 이어주며 동시에 작지만 일궈놓은 것들도 잊지 않고 전수해야 한다.

가업 승계의 교과서적 절세 방안은 있지만 그 핵심 열쇠는 CEO의 몫이다. CEO의 지혜를 동원하여 10여 년간의 지속적 증여를 관리해가면서 물이 흐르듯 승계를 준비해야 한다.

가업 승계의 대방향은 속도가 아니라 방향을 보아야 하는 것이 대전제다. 기업을 키우며 동시에 승계를 생각하기는 빠듯하지만 지금부터라도 인지하고 움직여야 한다.

상담 때 대표들의 의견은 대부분 이렇게 나뉜다. 이 기업을 잘 운영해서 멋지게 물려주고 싶은 분, 힘드니 자기 대에서 끝내기를 원하는 분, 자녀가 경영을 원하지 않아 고민인 분, 물려주고 싶은데 시기를 놓쳐 걱정하는 분, 승계 준비는 해놓았으나 경제 환경 변화로 확신이 없는 분 등이다. 이처럼 대부분 기업 대표는 기업에 자식 이상의 애정을 쏟아왔기 때문에 쉽게 마음을 내려놓을 수 없는 것이다.

승계 준비를 어렸을 때부터 점진적으로 해왔어야 하는데 타이밍이

한 권으로 끝내는 상속의 모든 것

늦은 경우도 적지 않다. 늦은 때가 가장 빠를 수도 있다고 하는 것은 시작을 말하는 것이다. 지금부터라도 자녀에게 기회를 주자. 실전 경험과 결정을 할 수 있도록 해보자. 대표는 그에 대해 필터링을 하는 지원 체제로 시간을 두고 물러날 준비를 해야 한다. 함께 소통하며 공동의 목표를 바라보는 실무 기간이 충분해야 한다. 이렇게 해야 기업 유지는 물론 절세 측면의 시간을 버는 데도 매우 유리하다.

사후 관리가 특히 어려운 공제 특례들이 있다 보니 이것에 치우치기보다는 전방위적으로 기업에 대해 평가해보는 기회가 자주 있어야 한다. 무엇보다 공제 혜택을 받지 않으려면 재원이 필요하다. 이에 대한 방안 강구와 수년간의 필수 시간을 만들어야 한다. 또한 절세를 위해 세무사, 변호사, 법무사, 금융인 등 여러 전문가와 긴밀하게 협조해야 한다. 답은 '하루아침에 이루어지지 않는다'.

이번 세법 개정안 이후 변경된 내용을 정리해보았다. 가족 기업은 CEO 스스로 준비해야 한다. 혜택은 때로 조삼모사가 될 수 있기 때문이다. 내가 이룬 기업을 잘 유지하다가 다음 세대가 물려받아 더욱 단단히 성장시킬 수 있도록 CEO가 꼼꼼하게 확인하고 마음의 각오를 다져야 한다. 이것은 개인 상속이나 가업 상속이나 마찬가지다.

예전에 중소기업은 종업원, 매출 등의 조건을 갖춰야 했으나 현재는 아래에 정리한 내용처럼 전체 매출이 일정 조건에 해당되면 중소기업으로 분류된다. 규모 확대 등으로 중소기업에 해당하지 않게 되어도 자격이 된다. 이때 부동산 및 임대업, 일반 숙박업, 가사 서비스업, 수도 사업, 금융 및 보험업 등은 가업 승계 대상이 아니다. 즉 업종에 따라 소유권 이전 작업을 병행해야 한다.

가업 승계에서 후계자와 연관된 가업 승계 요건 해당 사항을 잘 아는 것부터 절세가 시작되므로 상속과 증여, 창업의 특별 공제 내용을 올바르게 알자.

(1) 가업 상속 공제

적용 대상 기업은 피상속인이 10년 이상 경영한 중소기업, 중견 기업이다. 중소기업은 상속세 및 증여세법 시행령 별표에 따른 업종을 주된 사업으로 영위하며, 자산 총액이 5,000억 원 미만이어야 한다. 이 부분은 142~146페이지의 자료를 참고하기 바란다.

중견 기업은 상속 개시일의 직전 3개 소득세 과세 기간 또는 법인세 사업 연도 매출액의 평균이 3,000억 원 미만인 기업을 말한다. 상시 근로자 수 1,000명 이상, 자산 총액 5,000억 원 이상, 자기 자본 1,000억 원 이상, 3년 평균 매출액 3,000억 원 이상이면 유예 기간 없이 바로 중견 기업에 해당한다.

① 상속인에게 정상적으로 승계된 재산으로 개인 가업의 경우 토지, 건축물, 기계 장치 등 사업용 자산과 법인 기업의 주식·출자 지분이 해당된다.

② 피상속인의 대표 이사 재직 요건은 다음과 같다. 가업 전체 영위 기간 중 50% 이상을 재직, 10년 이상의 기간 재직, 상속 개시일부터 소급하여 10년 중 5년 이상을 재직하는 경우이며 이 중 하나만 충족되어도 가능하다.

③ 상속인은 상속 개시일 현재까지 2년 전부터 가업에 종사해야 하며 신고 기한(사망일 또는 실종 선고일로부터 6개월)까지 임원에 취임해야 하고, 신고 기한으로부터 2년(단, 천재지변은 예외) 이내 대표 이사로 취임하는 조건(상속인의 배우자가 이 같은 요건을 갖추고 있어도 가업 승계 상속 공제 적용 가능)을 충족해야 한다.

④ 이후 고용 유지를 10년, 고용 평균의 1배를 유지(중견 기업은 1.2배)해야 한다. 이는 사후 관리 요건이며 충족되지 않으면 상속세를 추징한다.

⑤ 가업 상속인은 이후 정규직 근로자 수를 공제 당시의 인원 수준으로 유지(10년간 유지, 중견 기업으로 변경하면 120% 유지)해야 한다. 자산도 20%(5년 이내에는 10%) 이상을 처분하는 경우, 상속인 지분감소된 경우, 대표가 종사하지 않는 경우는 다시 상속세가 추징된다.

⑥ 공제한도는 10년 이상 영위된 기업은 200억 원, 20년 이상 300억 원, 30년 이상 500억 원이다.

(2) 증여세 과세 특례 제도

① 증여한 주식 또는 출자 지분을 대상(개인 기업이 증여를 통해 가업 승계를 원하면 법인 전환 필요)으로 한다.

② 증여자는 가업 10년 이상 계속 경영한 60세 이상인 수증자의 부모(부모 사망 시는 부모의 부모)가 해당되며 친족 등 특수 관계자의 합의 출자 총액의 50%(상장은 30%)를 넘는 최대 주주가 해당된

다. 보유 기간 역시 10년 이상이어야 한다(수증자는 18세 이상 거주자 자녀).

③ 증여세 신고 기한(증여가 이뤄진 달의 말일로부터 3개월)까지 가업에 종사하고, 증여일로부터 5년 이내에 대표 이사 취임 조건을 충족해야 한다. 최대 주주 등의 자녀 1인만 가능하다.

④ 가업을 이어가는 기업에 혜택을 주는 특별 공제다.

⑤ 30억 원을 한도로 하여 5억 원 공제, 나머지 25억 원은 10%의 세율로 증여세를 과세한다. 100억 원을 한도로, 세율은 5억 원 공제 후 30억 원까지는 10%, 30억 원 초과분은 20%의 세율을 적용해 계산한다. 100억 원을 증여한다면, 5억 원을 기본 공제한 95억 원 중 30억 원은 10%, 65억 원은 20%의 세율을 적용한다. 즉 일반 상속 증여세율 적용과는 다르다.

⑥ 증여세 과세 특례 증여세 추징 사유는 다음과 같다.

• 적절치 못한 사유로 가업에 종사 않거나 휴업이나 폐업 시
• 5년 안에 대표 이사로 취임하지 않은 경우
• 10년까지 대표 이사 자리 미유지 시
• 정당한 사유 없이 10년 내 지분 감소 및 처분 시
• 주식 발행 법인이 유상 증자 등을 하며 실권 등으로 지분 감소 시

(3) 창업 자금에 대한 증여세 과세 특례 제도

18세 이상 거주자가 60세 이상의 부모로부터 가업을 물려받지 않고, 중소기업을 창업하는 조건으로 토지 및 건물 등의 양도소득세 과

세 대상이 아닌 자산을 증여받을 때 활용할 수 있는 제도다. 증여세 과세 특례와 동일하게 30억 원을 한도로 하여 5억 원 공제, 25억 원은 10% 세율로 증여세가 과세된다.

① 자금 활용 필수 조건은 다음과 같다. 수증일 1년 내 창업해야 한다. 이 부분은 146페이지 자료를 참조하기 바란다. 3년 만기로 창업 자금을 목적에 맞게 모두 활용해야 한다.

② 창업으로 인정하지 않는 경우는 다음과 같다.

- 합병, 분할, 현물 출자, 사업의 양수 등의 방법으로 부모 사업 승계하거나, 부모의 기업 자산을 인수, 매입 방식으로 동종 사업 창업 시
- 거주자가 하고 있던 사업을 법인 전환하여 법인 신설 시
- 새 업종 추가, 확장 등 창업으로 보기 어려운 경우
- 창업 자금 수령 전 운영 중이던 사업체의 경영 자금으로 소진한 경우

③ 창업 자금에 대한 증여세 추징 사유는 다음과 같다.

- 1년 내 미창업
- 창업 중소기업 업종 외의 업종을 운영 시
- 원래 창업 사업과 무관한 곳에 창업 자금 사용 시
- 수증 후 10년 내 창업 자금을 다른 용도로 사용 시
- 창업 후 10년 내 폐업, 휴업, 수증자가 사망 시

가업 승계는 이와 같은 공제 방식으로 절세할 수 있다. 사실 대부분의 중소기업이 세금을 거의 내지 않고 기업을 영위할 수는 있다. 기억

해야 할 것은 상속을 택하느냐 아니면 증여를 택하느냐에 따라 적용되는 요건이 달라진다는 사실이다. 사후 관리 요건을 보듯이 국가에서도 기업 영위를 독려하고 있으므로 그에 맞추어 잘 경영하면 된다. 이와 같은 세금 혜택보다도 중요한 것은 후계자 선정과 가업을 어떻게 영위할 것이냐이다. 혜택을 받았는데 가업을 제대로 유지하지 못하면 소급해서 추가 납부해야 할 세금이 크기 때문이다.

대부분의 비상장 기업으로 경영되는 국내 중소기업의 사전 증여로 승계를 준비할 때는 증여 시점이 아주 중요하다. 증여 시 기업 가치 평가는 액면 평가가 아니므로 보유 부동산, 매출을 종합적으로 판단해 비상장 기업의 주식 가격을 결정한다. 따라서 기업 평가 시기를 적절히 고려해야 한다.

다시 한 번 강조하지만 가업 승계는 단순한 부의 대물림이 아니다. 승계할 때의 많은 이점을 살펴보면 새로운 창업으로 인식될 수도 있다. 중소기업이든 중견 기업이든 기업은 반드시 지속되어야 하고 국가에서 제공하는 혜택을 누려야 한다. 기업의 진정한 사회 기여, 환원은 한마디로 기업이 잘 유지되고 번성하는 것이어야 한다.

가업 승계의 절세는 매우 중요하다. 중소기업 가업 승계의 가장 어려운 점이 상속, 증여세 등의 조세 부담이라는 응답이 70% 가까이 된다는 조사 결과가 있다. 그만큼 조세 부담은 향후 경영을 하는 데 일시적으로 또는 장기적으로 힘든 시간으로 되돌아올 수 있다. 그보다 더 우선되어야 할 것은 기업에 대한 대표의 결정이다. 왜냐하면 그 결정에 따라 절세 방법이 달라지기 때문이다.

한 권으로 끝내는 상속의 모든 것

앞에서 열거한 승계 내용의 주축은 이어갈 후계자다. 대표의 개인적인 나이, 상황과 다르게 기업의 나이를 객관적으로 평가해보아야 한다. 현재의 기업이 성장기인지 쇠퇴기인지 객관적으로 평가해야 한다는 말이다. 그 후 평가에 맞는 적합한 승계 방법을 선택해야 할 것이다. 후계자를 자녀로 정할 것인지 외부인으로 할 것인지부터 시작해보라. 그러면 승계, 절세 전략까지 한눈에 파악될 것이다.

인천에서 기업을 운영하고 있는 대표 C씨는 최근 몇 년간 아들과 가업 승계 문제로 다투는 중이다. 자신의 뒤를 당연히 이을 것이라고 생각해 유학까지 시켰는데 귀국 후에 기업을 승계하지 않겠다고 한다. 쇠를 깎는 아버지 회사보다 IT 관련 회사에 근무하다가 자신의 기업을 창업해보겠다면서 말이다. 서로 자리를 맡겠다고 하는 대기업과 중소기업 풍경과는 상당히 다른 모습이다.

이처럼 부모가 영위하고 있는 사업을 자녀가 승계하는 문제는 대표나 후계자에게 모두 부담이다. 게다가 부의 대물림이라고 기업에 대해 손가락질하는 사회적 분위기도 문제이기는 하다.

언론을 통해 접할 수 있는 대기업 분쟁 관련 뉴스들은 그들만의 리그다. 대기업은 전체 기업의 2% 정도다. 대부분의 중소기업 오너들은 자기 기업에 대한 책임을 등에 지고 굳건히 살아가고 있다. 돌아보라! 우리가 어디에서 근무하고 있는가를 말이다.

회사가 잘되어야 구성원들의 가정도 안정되는 것은 당연한 이치다. 기업이 사라지면 구성원들도 흔들린다. 무엇보다 가업을 이어갈 후계자는 현 기업을 잘 감당할 책무가 있다. 선대와 후계자와의 소통도 중요하다. 그것에 따라 새로운 창업 공제를 받아 시작할 것인지 현재의 기업을 승계받아 잘 이어가고 성장시킬 것인지 방향을 설정할 수 있다.

서로의 긴밀한 소통을 위해 마음을 열어보자. 소통하는 데 투자하는 시간과 공은 앞으로 전혀 아깝지 않을 것이다. 고용도 기부도 기업이 생존해야 가능하니 말이다.

1) 피상속인이 10년 이상 경영한 중소기업 등

○세법상 '가업'의 요건을 충족하는 중소기업 등이어야 합니다.

○**가업** : 상속개시일이 속하는 소득세 과세기간 또는 법인세 사업연도의 직전 소득세 과세기간 또는 법인세 사업연도 말 현재 중소기업 또는 중견 기업(중소기업 등)으로서 피상속인이 10년 이상 계속하여 경영한 기업을 말함

○ **중소기업 요건**
  상속개시일이 속하는 소득세 과세기간 또는 법인세 사업연도의 직전 소득세 과세기간 또는 법인세 사업연도 말 현재 다음 각 호의 요건을 모두 갖춘 기업을 말함
  1. 상속세 및 증여세법 시행령 별표에 따른 업종을 주된 사업으로 영위할 것
  2. 「조세특례제한법 시행령」제2조 제1항 제1호 및 제3호의 요건을 충족할 것
  3. 자산총액이 5천억원 미만일것

○ **중견기업 요건**
  상속개시일이 속하는 소득세 과세기간 또는 법인세 사업연도의 직전 소득세 과세기간 또는 법인세 사업연도 말 현재 다음 각 호의 요건을 모두 갖춘 기업을 말함
  1. 상속세 및 증여세법 시행령 별표에 따른 업종을 주된 사업으로 영위할 것
  2. 「조세특례제한법 시행령」제9조 제4항 제1호 및 제3호의 요건을 충족할 것
  3. 상속개시일의 직전 3개 소득세 과세기간 또는 법인세 사업연도 매출액*의 평균금액이 3천억원 미만인 기업일 것
  * 기업회계기준에 따라 작성한 손익계산서상의 매출액

[별표] 〈신설 2017. 2. 7.〉

  가업상속공제를 적용받는 중소 · 중견기업의 해당업종(제15조제1항 및 제2항 관련)

1. 한국표준산업분류에 따른 업종

표준산업분류상 구분	가업 해당 업종
가. 농업, 임업 및 어업(01 ~ 03)	작물재배업(011) 중 종자 및 묘목생산업(01123)을 영위하는 기업으로서 다음의 계산식에 따라 계산한 비율이 100분의 50 미만인 경우 [제15조 제7항에 따른 가업용 자산 중 토지(「공간정보의 구축 및 관리 등에 관한 법률」에 따라 지적공부에 등록하여야 할 지목에 해당하는 것을 말한다) 및 건물(건물에 부속된 시설물과 구축물을 포함한다)의 자산의 가액]÷(제15조 제7항에 따른 가업용 자산의 가액)
나. 광업(05 ~ 08)	광업 전체
다. 제조업 (10 ~ 33)	제조업 전체. 이 경우 자기가 제품을 직접 제조하지 않고 제조업체(사업장이 국내 또는 「개성공업지구 지원에 관한 법률」 제2조 제1호에 따른 개성공업지구에 소재하는 업체에 한정한다)에 의뢰하여 제조하는 사업으로서 그 사업이 다음의 요건을 모두 충족하는 경우를 포함한다. 1) 생산할 제품을 직접 기획(고안 · 디자인 및 견본제작 등을 말한다)할 것 2) 해당 제품을 자기명의로 제조할 것 3) 해당 제품을 인수하여 자기책임하에 직접 판매할 것
라. 하수 · 폐기물 처리, 원료 재생 및 환경보건업 (37 ~ 39)	하수 · 폐기물 처리(재활용을 포함한다), 원료 재생 및 환경보건업 전체
마. 건설업 (41 ~ 42)	건설업 전체
바. 도매 및 소매업 (45 ~ 47)	도매 및 소매업 전체
사. 운수업 (49 ~ 52)	여객운송업[육상운송 및 파이프라인 운송업(49), 수상 운송업(50), 항공 운송업(51) 중 여객을 운송하는 경우]
아. 숙박 및 음식점업 (55 ~ 56)	음식점 및 주점업(56) 중 음식점업(561)

자.출판, 영상, 방송 통신 및 정보서비스업 (58 ~ 63)	출판업(58)
	영상 · 오디오 기록물제작 및 배급업(59). 다만, 비디오물 감상실 운영업(59142)을 제외한다.
	방송업(60)
	통신업(61) 중 전기통신업(612)
	컴퓨터 프로그래밍, 시스템 통합 및 관리업(62)
	정보서비스업(63)
차.부동산업 및 임대업(68 ~ 69)	무형재산권 임대업(694, 「지식재산 기본법」제3조제1호에 따른 지식재산을 임대하는 경우로 한정한다)
카.전문, 과학 및 기술서비스업 (70 ~ 73)	연구개발업(70)
	전문서비스업(71) 중 광고업(713), 시장조사 및 여론조사업(714)
	건축기술, 엔지니어링 및 기타 과학기술 서비스업(72) 중 기타 과학 기술 서비스업(729)
	기타 전문, 과학 및 기술 서비스업(73) 중 전문디자인업(732)
타.사업시설관리 및 사업지원 서비스업 (74 ~ 75)	사업시설 관리 및 조경 서비스업(74) 중 건물 및 산업설비 청소업 (7421)
	사업지원 서비스업(75) 중 인력공급 및 고용알선업(751, 농업노동자 공급업을 포함한다), 경비 및 경호 서비스업(7531), 보안시스템 서비스업(7532), 콜센터 및 텔레마케팅 서비스업(75991), 전시 및 행사대행업(75992), 포장 및 충전업(75994)
파.교육서비스업(85)	교육 서비스업(85) 중 사회교육시설(8563), 직원훈련기관(8564), 기타 기술 및 직업훈련학원(85659)
하.보건업 및 사회복지 서비스업 (86 ~ 87)	사회복지서비스업(87)
거.예술, 스포츠 및 여가관련 서비스업 (90 ~ 91)	창작, 예술 및 여가관련서비스업(90) 중 창작 및 예술관련 서비스업 (901), 도서관, 사적지 및 유사 여가관련 서비스업(902). 다만, 독서실 운영업(90212)은 제외한다.
너.협회 및 단체, 수리 및 기타 개인 서비스업 (94 ~ 96)	기타 개인 서비스업(96) 중 개인 간병인 및 유사 서비스업(96993)

2. 개별법률의 규정에 따른 업종

가업 해당 업종
가. 「조세특례제한법」 제7조 제1항 제1호커목에 따른 직업기술 분야 학원
나. 「조세특례제한법 시행령」 제5조 제6항에 따른 엔지니어링사업
다. 「조세특례제한법 시행령」 제5조 제8항에 따른 물류산업
라. 「조세특례제한법 시행령」 제6조 제1항에 따른 수탁생산업
마. 「조세특례제한법 시행령」 제54조 제1항에 따른 자동차정비공장을 운영하는 사업
바. 「해운법」에 따른 선박관리업
사. 「의료법」에 따른 의료기관을 운영하는 사업
아. 「관광진흥법」에 따른 관광사업(카지노, 관광유흥음식점업 및 외국인전용 유흥음식점업은 제외한다)
자. 「노인복지법」에 따른 노인복지시설을 운영하는 사업
차. 「노인장기요양보험법」 제32조에 따른 재가장기요양기관을 운영하는 사업
카. 「전시산업발전법」에 따른 전시산업
타. 「에너지이용 합리화법」 제25조에 따른 에너지절약전문기업이 하는 사업
파. 「근로자직업능력 개발법」에 따른 직업능력개발훈련시설을 운영하는 사업
하. 「도시가스사업법」 제2조 제4호에 따른 일반도시가스사업
거. 「국가과학기술 경쟁력 강화를 위한 이공계지원 특별법」 제2조 제4호 나목에 따른 연구 개발지원업
너. 「민간임대주택에 관한 특별법」에 따른 주택임대관리업
더. 「신에너지 및 재생에너지 개발·이용·보급 촉진법」에 따른 신·재생에너지 발전사업

〈창업중소기업 등에 해당하는 업종(조특법 제6조제3항)〉

1. 광업
2. 제조업(제조업과 유사함 사업으로서 대통령령으로 정하는 사업을 포함)
3. 건설업
4. 음식점업
5. 출판업
6. 영상 · 오디오 기록물제작 및 배급업(비디오물 감상실 운영업 제외)
7. 방송업
8. 전기통신업
9. 컴퓨터 프로그래밍, 시스템통합 및 관리업
10. 정보서비스업(뉴스제공업 제외)
11. 연구개발업
12. 광고업
13. 그 밖의 과학기술서비스업
14. 전문디자인업
15. 전시 및 행사대행업
16. 창작 및 예술관련 서비스업(자영예술가 제외)
17. 「엔지니어링산업진흥법」에 따른 엔지니어링활동(「기술사법」의 적용을 받는 기술사의 엔지니어링활동 포함)
18. 운수업 중 화물운송업, 화물취급업, 보관 및 창고업, 화물터미널운영업, 화물운송 중개 · 대리 및 관련 서비스업, 화물포장 · 검수 및 형량 서비스업, 「항만법」에 따른 예선업 및 「도선법」에 따른 도선업과 기타 산업용 기계장비 임대업 중 파렛트임대업
19. 「학원의 설립 · 운영 및 과외교습에 관한 법률」에 따른 직업기술 분야를 교습하는 학원을 운영하는 사업 또는 「근로자직업능력 개발법」에 따른 직업능력개발훈련 시설을 운영하는 사업(직업능력개발훈련을 주된 사업으로 하는 경우에 한함)
20. 「관광진흥법」에 따른 관광숙박업, 국제회의업, 유원시설업 및 「관광진흥법 시행령」 제2조에 따른 전문휴양업, 종합휴양업, 자동차야영장업, 관광유람선업, 관광공연장업
21. 「노인복지법」에 따른 노인복지시설을 운영하는 사업
22. 「전시산업발전법」에 따른 전시산업
23. 인력공급 및 고용알선업(농업노동자 공급업 포함)
24. 건물 및 산업설비 청소업
25. 경비 및 경호 서비스업
26. 시장조사 및 여론조사업
27. 사회복지 서비스업
28. 보안시스템 서비스업

출처: 2017 국세청 자료

마이너스 상속에
대비하라

재산보다 채무가 많은 경우에 대한 대처는 매우 중요하다. 생각보다 상속으로 인해 무거운 채무를 갚아야 하는 경우도 있다. 슬픔에 연이어 발생하게 되는 상속인들의 이 같은 고통은 그야말로 '아픔의 상속'이 된다. 생각보다 많은 상속인이 상속에 이어져 발생되는 일들에 대해 모른다. 아버지가 자산이 얼마 없으니, 10억 원도 안 되니 등으로 상속에 이어지는 절차에 대해 쉽게 결정 내리고 마무리 지으려 한다. 현장에서 금융 상담을 하다 보면 생각보다 많은 분이 이 부분을 간과하거나 모르고 있다.

이번에 이 부분을 꼼꼼하게 짚어볼 것이다. 앞으로 다루는 한정 승인, 상속 포기는 절차가 절대 간단하지 않다. 따라서 상속 개시 후에는

한 권으로 끝내는 상속의 모든 것

전문가와의 특별한 준비와 대처를 하기 바란다.

일단 상속이 개시된다는 것은 재산상의 모든 권리와 의무가 재산을 받게 되는 상속인의 의사와 관계없이 법률상으로 상속인들에게 승계가 시작된 것이다. 아쉽게도 남긴 상속 재산보다 부채가 더 많다면 채무가 승계되어 뜻밖의 피해를 볼 수도 있다. 이 부분에 대해 사전에 의논했다면 모를까 갑자기 상속이 개시된 경우 또는 채무를 혼자 해결하려다 마무리하지 못하는 경우가 적지 않다. 그래서 가족을 보호하기 위해 생긴 제도가 바로 상속 포기와 한정 승인이다.

2017년 고객인 50대 초반의 대표 D씨의 갑작스런 상속 개시가 있었다. D씨는 기술력과 사회 인적 자원이 풍성한 벤처 기업을 경영 중이었다. 대부분의 기업 대표들이 그렇듯 본인 자금은 물론이고 가족들의 도움, 투자자들의 자금으로 시작하여 막 성장기에 들어선 회사였다.

나와 상담하면서 투자자들의 CEO 리스크에 대한 몇 가지 요구 중 위험 리스크를 대비하기 위해 국내외의 금융 상품을 조합하여 CEO 리스크 헤지(Risk hedge, 위험 회피)를 위한 금융 안을 준비하고 있었다.

갑작스런 대표의 부재로 회사의 경영난은 물론이고 개인 채무로 가족들은 위기에 처했다. 지금 현재 회사는 문을 닫았지만, 상속 포기 과정을 법원으로부터 인정받아 어느 정도 정리가 된 상태다. 조금만 서둘렀으면 하는 아쉬움이 남는다.

채무가 많은 자연인으로 상속 개시되는 경우도 힘들지만 왕성한 활동 중인 기업 대표가 상속 개시를 갑작스럽게 하게 되는 경우를 대비해 철저히 상속 관리하는 것이 좋다.

(1) 단순 승인

상속인이 피상속인의 모든 권리와 의무를 그대로 제한을 두지 않고 승계받는 것을 승인하는 것을 말한다. 즉 상속이 개시되면 아무 절차 없이 3개월이 지나 단순 승인이 된다. 단순 승인이 된 상속인은 모든 채무에 대해 책임을 져야 한다. 즉 상속받은 재산으로 채무를 변제하고, 마이너스 상태인 경우에도 상속인들의 재산으로 상환을 변제해야 한다.

(2) 상속 포기

빚이 재산보다 엄청나게 많을 때는 상속 포기 절차를 거친다. 상속 개시(사망) 당시부터 상속인이 아닌 것과 같이 관계없는 자연인 상태의 효력을 발생하는 의사 표시다. 상속 개시가 있음을 안 날로부터 3개월 이내에 가정법원에 신고한다. 이 신고는 피상속인의 어떤 채무나 재산도 받지 않겠다는 법적 의사 표시다. 물론 가정법원에서 이 신고를 수리한다는 심판을 받아야 효력이 가능하다.

(3) 한정 승인

상속을 포기하는 것은 아쉽고 빚이 있지만 규모가 확실치 않거나 재산보다 더 많지 않을 때 신고한다. 이를 통해 상속인이 받게 되는 재산의 한도 내에서 피상속인의 채무를 변제하는 조건으로 상속을 승인하는 제도다. 상속 과정에서 피상속인만이 알고 있던 자산이나 다른 경로로 준비된 자산이 발견되는 경우가 의외로 많다. 이런 경우를 위

한 권으로 끝내는 상속의 모든 것

해 한정 승인이 상속 재산 정리 과정에서 이용되고 있다.

(4) 특별 한정 승인

피상속인 사망 후 일정 기간인 3개월까지도 상속 채무가 재산보다 훨씬 초과한다는 사실을 모르고 있다가 향후 신청할 수 있는 제도다. 단, 이 사실을 늦게 알게 된 중대한 과실이 없는 경우를 소명해야 한다. 이를 특별 한정 승인이라고 한다.

상속 포기 또는 한정 승인을 결정하려면 일단 상속 재산을 파악하는 것이 중요하다. 상속 개시가 되면 전국 모든 시, 구청, 읍면사무소에서 사망자 재산 통합 처리(안심상속원스톱서비스)를 신청하여 재산을 파악해야 한다.

주민센터는 고인의 주소지에서만 가능하다. 정부 24 홈페이지www.gov.kr에서 사망자 재산 조회(안심 상속) 신청으로 파악할 수도 있다. 추가로 금융감독원에 신청하여 금융 재산도 파악할 수 있다.

상속 개시 이후에는 어떤 결정이든 혼자가 아닌 상속인 모두가 재산을 평가하여 같이 결정해야 한다. 서로의 의견을 충분히 들으며 어려운 상황을 같이 헤쳐나간다는 마음으로 같이 뭉쳐야 한다.

"상속 재산에 관심이 없으니 알아서 해"라며 사후 정리에 비협조적인 경우를 보았다. 절대 그래서는 안 된다. 재산의 많고 적음을 떠나 가족의 일은 가족이 같이 정하고 풀어가야 한다.

상속 포기, 한정 승인 과정은 상속인 모두의 결정과 서류 등이 하나가 되어 진행되어야 한다. 진행 과정이 매우 복잡해 귀찮을 수도 있지만 다른 관점에서 보면 가장 소중한 가족, 즉 당사자인 '한 가족 상속인'들이니 서로 소통해야 한다.

좋을 때 좋은 관계를 유지하는 것은 누구나 할 수 있다. 어려울 때 마음을 합하여 이겨나가는 것이야말로 진정한 가족의 힘을 발휘할 때다. 위로하고 응원하면서 '가족'임을 증명해 보이는 기회가 되기를 바란다. 계산기로는 마이너스 상속 재산일지라도 가족의 화합으로 잘 감당해보자. 그러면 돈으로는 환산할 수 없는 플러스 상속 재산의 가족 관계로 재탄생하는 계기가 될 것이다.

적자생존!
물려주고 이어가는 방법을
구상하라

누군가 나에게 취미가 무엇이냐고 물어보면 대답을 좀 머뭇거리는 편이다. 영화나 독서도 아니고 더군다나 골프도 아니다. 나의 취미는 바로 '정리'다.

시간 날 때마다 화장대나 주방, 옷장 등을 정리하는 것을 좋아한다. 그렇게 정리하고 나면 계절이나 유행이 지나 입지 않는 옷이나 손이 가지 않는 책을 이웃에 나눠주기를 좋아한다. 청소하고 잘 정리된 집에서 커피 한 잔 마시며 혼자만의 시간을 가지는 것이 참 좋다. 때로는 지인의 집도 정리해 주고 싶을 만큼 정리를 좋아한다. 그러던 참에 '정리 전문가'라는 직업이 있다는 것을 알고 나는 왜 진작 그런 생각을 하지 못했을까 아쉬웠다.

상속, 증여는 '정리'와 비슷하다. 즉 상속과 증여에 대한 계획을 세우고 실행하는 과정을 되짚어봐야 한다.

상속 설계의 핵심 중 하나는 유언의 표시다. 살아온 과정, 목표, 가진 것, 가지고 싶은 것, 주고 싶은 것, 이어져갔으면 하는 것들을 백지에 적으면서 시작해보자. 매년 유언을 작성하다 보면 해마다 자신의 삶을 정리할 수 있다.

나도 그간 내가 살아온 과정에서 느낀 것, 그리고 내가 한 일들에 대해 정리하고 싶어서 책을 쓰기 시작했다.

적자생존이라는 말이 있다. '적어야 산다'의 유머러스한 해석이다. 맞다. 적어야 보이고 그래야 마음의 방향을 정할 수 있다. 앞에서 상속과 증여의 대전제는 화목임을 강조했다. 화목을 지키기 위해 정신적·재산적 가이드를 윗세대가 정해야 한다. 세금을 아끼는 것은 아주 작은 목표이다. 큰 목표는 사랑을 전하고 행복하게 살 수 있도록 도와주는 방식이다. 그것이 바로 유언이다.

여러분은 유명 아티스트 마이클 잭슨Michael Jackson을 기억할 것이다. 2009년 마이클 잭슨은 자택에서 급성 프로포폴 중독에 의한 심장마비로 사망하였다. 이후 우리나라 대기업의 상속 분쟁이며 유산 배분 등에 관한 좋지 않은 소식이 전혀 들리지 않았다. 이유는 마이클 잭슨의 '가족 신탁'에 있었다. 언론에서는 이를 약간의 부러움이 들어간 듯 보도했었다. 마이클 잭슨의 깔끔한 유언은 지금도 미국 사회에서 많이 회자되고 있다.

마이클 잭슨이 살아생전에 준비한 생전 신탁의 대략적인 내용을

한 권으로 끝내는 상속의 모든 것

살펴보자.

유산의 20%를 어린이 자선 재단에 기부한다. 남은 유산의 50%는 어머니를 위해 별도의 신탁을 운영하며 사망 후에는 세 자녀에게 동등하게 분배한다. 남은 50%는 자녀를 위해 별도 신탁 운영하며 향후 자녀들이 성인이 되면 모두 지급한다. 이외에 다양한 변수에 대비한 내용도 신탁에 들어 있다.

유명인이다 보니 평소 잘 준비해놓았겠지만 그만큼 미국의 신탁 제도가 얼마나 잘 자리 잡았는지 보여주는 사례다. 반대로 국민 여배우 최씨는 갑작스럽게 사망했지만 상속 문제를 준비해놓지 않아 언론을 시끄럽게 했다.

한 조사에 따르면, 선호하는 상속 방법으로 증여를 가장 많이 선택했다. 다음은 유언장을 공증받아 준비하는 것이고 마지막으로 기부, 유언 신탁이 뒤를 이었다.

사실 자산이 그리 많지 않은데 무슨 신탁이냐고 의문을 제기할 수도 있다. 최근에는 은행 등 금융권에서 다양한 신탁 상품을 준비해놓아 규모보다도 필요에 의해 선택할 수 있는 폭이 넓다. 신탁 외에 나의 결정을 위해 유언장, 공증 유언, 녹음, 촬영 등 다양한 방법을 활용할 수도 있다. 향후 이 방식은 완벽한 상속이 아닌 유류분 등 분쟁의 소지가 있다.

지금 당장 무거운 마음으로 위와 같은 준비를 하라고 말하는 것은 아니다. 가끔은 바쁘고 쫓기는 현실에서 잠시 멈추어 현재를 평가해보고 준비했으면 한다. 그러다가 어떤 시기가 되면 결단을 내리기는 어렵지 않을 듯하다. 마이클 잭슨이 결정하여 준비한 신탁이 언제 유언 신탁으로 사용될지는 본인도 몰랐을 것이다.

고령 사회에 진입한 우리는 어쩌면 이런 작은 준비도 건강 문제나 치매 등으로 불가능할 수도 있다. 치밀하게 준비하는 유언 관련 실행은 가족을 위한 영원한 배려 중 하나인 듯하다. 이때 금액의 크기가 중요하지 않다. 그저 유언을 잘 준비해야 후대가 잘 받아 이어갈 수 있다.

2008년 방영된 TV 프로그램 〈명랑 히어로 두 번 살다〉를 기억하는가. 이 프로그램은 유명 연예인이 사망했다고 가정하고 지인들이 그를 회상하며 장례를 치르며 추도문을 읽어준다. 가상 장례식을 통해 인생을 돌아보고 지인들이 생각하는 자신의 모습에 대해 알아보는 인생 중간 점검 프로젝트다. 추도문을 뒤에서 듣는, 매회 다른 주인공들은 하염없이 눈물을 흘린다.

어찌 보면 우리는 매일 죽는 날로 하루하루 다가가고 있다. 평균 수명이 길어졌다 해도 우리의 목숨은 영원하지 못하다. 그래서 매일매일 감사의 삶을 살기 바라지만 현실은 그리 녹록하지 않다.

자, 나의 염려, 바람, 자산 등을 하나씩 적어보자. 적다 보면 무엇을 준비해야 하는지 좀 더 명확히 알 수 있다. 오늘에 더 충실하며 인생의 큰 그림을 그릴 수 있을 것이다.

이 프로그램에서 한 배우가 이런 말을 했다. "박경리 선생님은 언젠가 이런 말씀을 하셨어요. '버리고 갈 것만 남아 참 홀가분하다'고 말입니다."

156

세상에 완벽은 없다. 특히나 미래를 예측한다는 것은 거의 불가능하다. 재산의 변화, 관계의 변화는 물론이고 예측하기 어려운 다양한 일들이 이곳저곳에서 발생하는 것이 삶이다. 그렇다고 넋 놓고 준비를 하지 않을 수는 없다. 가족과 마음을 열고 늘 대화하고 소통하며 자신의 뜻을 정리하여 밝히는 작업을 해야 한다. 그렇게 준비해놓아야 홀가분해지고 뿌듯해질 수 있다.

하얀 백지 위에 무엇을 어떻게 얼마나 물려줄지 적어보는 시간을 자주 갖자. 이 시간들은 마무리가 아니라 멋진 시작에 불과하다. 정신이든 물질이든 잘 정리해서 승계하는 데는 적지 않은 시간을 투자해야 한다는 것을 잊지 말자.

4장

3대가 부유해지는
철학과 가치관 상속

상속과 증여의 목표는
화목

　1남 3녀를 둔 한 가정의 아버지가 사망하였다. 부친이 사전 준비해 둔 유언 증서에는 큰아들에게 강남 오피스 빌딩을 물려주고 다른 자녀에게는 적금의 일부 및 골프 회원권 정도를 물려준다는 내용이 적혀 있었다. 큰아들에게 재산을 물려준 이유는 아버지와 회사를 같이 운영하며 고생도 했고 대를 이어가야 하기 때문이다. 큰아들에게 남겨진 자산의 약 50% 가까이 해당되는 자산을 상속한 셈이다.

　평소 오빠가 고생한 것은 알고 있지만 미국 유학까지 갔다 왔고 작은 사업체도 운영하고 있으니 딸들도 똑같이 분배받아야 한다고 생각했다. 그러다 보니 유언장에 대해 섭섭함을 느끼고, 서로에 대한 불만의 골이 깊어져 있었다. 불만이기는 하지만 어머니도 살아 계시고 남들처럼 싸우면서까지 재산에 욕심낸다는 오명을 듣고 싶지 않아 꾹 참고 있다.

나는 세 자매 중 차녀와 상담했다. 재판까지는 하지 않았지만 마음에 쌓여 있는 불만의 덩어리는 컸다. 어머니는 오빠가 모시고 살고 있지만 딸들은 오빠 집으로 잘 찾아가지 않는다고 했다. 아버지의 유언장을 무시하고 법정 지분으로 나눌까도 했는데 어머니도 아버지와 생각이 같아서 유언장대로 진행했다고 했다.

그래도 지금은 어머니가 계셔서 왕래하지만 돌아가시면 딸들은 오빠와 멀어질 것이 뻔하다. 어머니의 2차 상속 관련 재산 분할의 문제가 조만간 생길 것 같아 걱정이 이만저만이 아니었다.

이 경우 외에도 재산 문제로 인한 다양한 갈등은 휴화산처럼 언제 폭발할지 모른다. 혼자일 때보다 가정을 이루면 문제가 좀 더 복잡해진다. 새로운 이해 관계자들이 가족 구성원이 되기 때문이다.

아무리 잘 살아왔어도 재산에 대한 결정이 한 사람의 의사로 결정되면 다른 가족들은 쉽게 받아들이기 힘들다. 그들도 당연히 그들의 입장에서 주장하고 싶은 부분이 있기 때문이다. 나와 무관한 사람들과의 갈등은 잊어버리거나 피하거나 포기하면 되지만 혈연은 풀지 못하는 깊은 골로 남아 남보다 못한 관계가 된다.

그렇다면 우리는 왜 재산을 모으는가?

아무리 돈이 많은들 상속 분쟁이 발생된다면 무슨 소용일까. 없으면 없어서, 있으면 있어서 슬픈 것이 현실이다. 결국 지혜로운 증여와 상속 준비는 부모가 끝까지 노력하며 감당해야 하는 중요한 문제다.

한 권으로 끝내는 상속의 모든 것

하지만 이 역시 평소에 잘 준비해왔다면 큰 고민 없이 마무리할 수 있을 것이다. 로스차일드 가문의 예에서 지혜를 찾아보자.

마이어 로스차일드는 운명 직전에 기원전 6세기에 강대국을 건설한 유목 민족의 스키타이 왕이 임종 직전에 5명의 아들에게 전한 이야기를 그대로 들려주었다. 이 이야기는 지금도 로스차일드 가문의 핵심 정신으로 계승되고 있다.

"화살 1대는 힘을 적게 들여도 부러뜨릴 수 있지만 한 다발의 화살은 부러뜨릴 수 없다"는 진리를 자녀들에게 전한 것이다.

마이어 로스차일드는 단합, 단결의 중요성을 알고 있었던 것이다. 화합하지 않으면 흩어질 것이고 망하게 되어 가문은 흩어지게 될 것에 대한 마지막 당부였다.

우리말에도 '뭉치면 살고 흩어지면 죽는다'는 속담이 있다. 화합이야말로 재산보다 중요한 핵심 유산임을 마이어 로스차일드는 자식들에게 물려주고 싶었던 것이다. 결국 잘 계승되어 지금까지도 세계적 명문 가문으로 이어지고 있다. 이렇듯 정신 계승 문제에 대한 고민으로 시작한 결과의 힘은 막강하다.

'화목'은 가정에 새사람이 들어오기 전에 완성되어 있어야 한다. 그래야 새로운 구성원이 화목을 스펀지처럼 빨아들이고 스며들게 된다. 기존 가족들의 문화에 흡수되어 더 단단하게 되어가는 것이다.

위의 상담에서처럼 장남을 위한 별도의 안배로 인해 분쟁으로 가득 욕심은 분쟁의 씨앗이 될 수 있다는 것을 꼭 기억하자.

상속 분쟁은 마음이 아픈 법정 다툼 중 하나다. 가족이 고소하고,

소명하는 과정에서 혈연관계가 화합으로 연결되기는 매우 어렵다. 슬픈 전쟁이다. 게다가 요즘 시대의 복잡한 가족 구성원이 형성되어 있다면 더더욱 풀기 힘들다. 사망한 이 아버지가 분쟁이 발생했다는 것을 알았다면 얼마나 속상할까 싶다.

화목하려면 무엇을 해야 하는지 평소에 생각해보아야 한다. 화합도 힘이다. 문제가 있다는 것은 답도 있다는 것 아닐까. 위기가 왔다면 풀어야 한다. 이를 풀 수 있는 가족이 위대한 가족이다. 나만이 아니라 모두가 내려놓고 마음을 모아야 한다. 가족이 갈라지는 틈을 주어서는 안 된다.

우리 부부는 딸들이 살면서 어려운 일이 생길 때 서로 돕고 의지하며 살아가기를 바란다. 훗날 우리는 없고 둘만 남으면 끝까지 마음을 합하며 의지하기를 어려서부터 가르치고 싶었다. 그래서 아이들에게 여러 가지를 시도했는데 그중 2가지를 소개한다.

첫째, 포옹이다. 초등 시절 자주 싸우고 토라질 때 우리는 딸들을 화해시키기 위해 서로 꼭 끌어안도록 했다. 씩씩거리며 포옹을 거부하다가도 어쩔 수 없이 끌어안는다. 몇 초만 하는 것이 아니라 약 1분 정도 포옹하도록 두었다. 처음에는 화를 못 참으며 눈물을 펑펑 흘렸는데 두세 번째부터는 서로 키득거렸다. 이후에는 싸우다가도 안아야 한다는 생각 탓인지 자기들끼리 웃으며 다툼을 멈추곤 했다. 그래서인지 대학생으로 자란 두 딸은 사이가 각별하다.

현대인들은 살면서 서로에 대해 따스한 감정을 몸으로 느낄 수 있는

한 권으로 끝내는 상속의 모든 것

시간이 부족해 보인다. 얼마 전 프리 허그를 해준다며 길 한가운데 서서 안아주는 이벤트를 진행하는 영상을 보았다.

말하지 않아도 안으면 안다. 그리고 전해진다. 서로의 따스함과 사랑이 말이다. 가족끼리 여행하면서 시간이 날 때마다 서로를 안아보는 색다른 경험은 어떨까 한다. 낯간지러운 말이나 행동이 쉽지 않겠지만 가족은 그럴 수 있어야 한다.

둘째, 둘이 싸우면 밤에 뒷산 약수터에 물을 떠 오게 시켰다. 못된 부모라고 비난할 수도 있다. 걱정되어 몰래 따라가 보았는데 싸웠지만 무서워서인지 집을 나가자마자 손을 꼭 잡고 걷고 있었다. 의지할 사람은 서로밖에 없음을 몸으로 알았으리라. 두세 번 정도 그런 일이 있었는데 돌아오면 둘이 꼭 끌어안고 잤다.

우리 부부는 아이들을 키우면서 서로에 대한 특별한 결속을 위해 다양한 방법을 노력하였다. 10년 연애하고 결혼한 우리는 무조건 행복한 시작을 하리라 믿었다. 정반대로 시작하자마자 사소한 것부터 힘든 시간의 연속이었다.

이래서는 안 되겠다고 생각할 즈음 우연히 '아버지 학교'를 등록하여 5주의 시간을 보내면서 서서히 바뀌기 시작했다. 그 짧은 시간으로 30년 가까이 살아온 사람이 변할 리 없을 것이라는 불신이 있었지만 놀랍게도 그때부터 변했다. 한 사람이 나를 이해하고 포용하려는 모습이 우리가 한배를 탔음을 깨닫게 했다.

몇 년 후 참석한 부부 세미나에서 우리는 사랑이라는 토양만 있었고 함께 일궈나가는 것에 대한 무지가 있었다는 것을 알았다. 그래서 아이들에게는 좀 더 행복하게 사는 방법을 알려주고 시간이 흘러 우리가 없더라도 서로 의지가 되고 결혼하여 가정에서 선한 영향력을 끼칠 수 있는 부모가 되도록 가르치자는 마음을 먹는 계기가 되었다. 그런 합의가 있었기 때문에 마음이 아프더라도 독하게 실행에 옮겼다. 아이들 입장에서 보면 속상하기도 하지만 훗날 자신들의 아이를 키울 때면 고개가 *끄덕거려지리라*.

사실 화합은 하루아침에 이루어지지 않는다. 개인은 물론 부부가 먼저 하나가 되기를 노력해야 한다. 그런 중요성이 대두되는 시대라서인지 '아버지 학교, 어머니 학교, 부부 학교' 등 다양한 프로그램들 많다.

상속의 대전제는 화목이다. 화목해야 가족 승계 방향을 잘 잡을 수 있다. 머릿속 생각으로만 그치지 말고 화목을 위한 지식을 알아가는 프로그램을 찾아 영역을 넓혀가기를 추천한다.

어떤 방법으로든 순조로운 이전 준비를 빨리 시작해야 한다. 늦을수록 자녀는 성장하고 주도적인 세대는 늙어간다. 가족 관계, 상황 등 여러 가지를 생각하고 마음을 열어 가족들과의 소통 시간을 부모는 의도적으로 많이 만들어야 한다.

실행 목록 중 우선순위에 있는 것들은 미리 진행해야 한다. 예를 들면 재산의 증여, 회사의 지분 구성 정리, 합의된 승계자 가르치기 등이다. 가족 간의 동의와 협조를 구하며 부정의 씨앗은 제거해야 한다. 가급적이면 좋은 결과가 예상되는 좋은 씨앗을 서서히 심어야 한다.

아버지의 사랑과 용서가 없었다면 비폭력주의자 간디Mahatma Gandhi

한 권으로 끝내는 상속의 모든 것

는 존재하지 않았을 것이다. 타락의 끝에 빠졌던 간디가 돌아왔을 때, 아무것도 묻지 않고 아버지는 '포옹'을 해주었다고 한다.

어떤 분쟁이 예상된다면 각자의 권리를 생각하기 전에 마음을 내려놓고 안아준다는 마음을 가져보라.

우리가 지켜야 할 가장 소중하고 아무리 강조해도 지나치지 않는 재산, 그것은 '화목'이다. 화목하기 위해 무엇을 생각하고 실행하며 노력하고 있는지 자문해보자. 이 세상에서 피로 뭉칠 수 있는 유일한 사람들은 다름 아닌 바로 가족이다.

엄마가 나에게
남긴 것

"왜 아버지는 사업만 하면 망할까? 아버지의 징크스다." 내 말에 엄마는 피식 웃는다.

초등학교 때 일이다. 건설업을 했던 아버지의 부도로 우리 가족은 지붕 없는 집에서 하늘을 보며 잠을 청하기도 했고 이사를 자주 다녔다. 결혼 전까지만 해도 TV에서나 나오는 '달동네'에서 살았다. 엄한 아버지 아래서 우리 5남매를 감싸고 채워주었던 어머니의 상속 아이템을 소개한다.

입학식 때 한 번, 졸업식 때 한 번. 어머니가 우리 5남매에게 유일하게 해주신 학교 방문 이벤트다. 먹고살기 바쁜 부모님 세대가 그랬지만 더더욱 빠듯했던 우리 집에서는 입학과 졸업은 꼭 챙겨주시는 어머니의 중요한 이벤트였다.

정확히 기억하는 시기인 초등학교 6학년 가을이었다. 중학교 진학을 두고 부모 상담을 해야 하니 학교에 꼭 한 번은 오셔야 한다고 했다. 선생님 말씀을 듣고도 한 달 내내 부모님께 얘기를 꺼내지 못했다. 진학 문제보다 남들처럼 세련되지 않은 엄마 모습이 더 마음에 걸렸기 때문이다. 거기다가 당시 어려운 가정 경제 상황으로 인해 마음이 항상 우울해서이기도 하다.

시간이 임박해 어쩔 수 없이 말씀드리고 일부러 학교 오실 시간을 친구들이 모두 가고 난 뒤의 늦은 시간을 말씀드렸다.

교실에 앉아 밖을 내다보니 엄마가 교문에 들어서고 있었다. 역시나 같은 옷, 같은 스타일, 같은 신발이다. 멀리서도 자의 반 타의 반으로 만들어진 엄마만의 스타일이 눈에 띄었다. 나는 운동장 한가운데서 철없이 굴었다.

"엄마, 이 신발 신고 학교 오면 어떡해?"

"왜, 뭐가 어때서. 난 이 신발 신고 미국도 간다."

순간 엄마의 대답이 나에게도 전이되어 자신감이 생겼다. '아, 그런 거구나!' 이후 지금까지 엄마의 그 한마디는 내 삶에 어떤 일로도 자존감이 낮아질 수 없는 당당함의 기둥이 되어오고 있다.

성인이 되어서 엄마에게 속상한 이야기를 풀어놓으면 다 듣고 나서 이렇게 말하곤 한다.

"손해 보고 살아라."

어머니는 더 가지려고 더 따지려고 하다 보면 그에 자신이 몰입된다는 것을 잘 알고 있다. 내려놓는 것, 풀어버리는 것, 내 것에서 떠나보내는 것이 오히려 자신을 위한 것이라 말한다. 좀 덜 먹고 좀 덜 가지라 한다. 수준 있는 표현으로 전달하지는 않지만 삶으로 몸소 가르치는 어머니다. 이 역시 내가 물려받은 삶의 태도 중 하나다.

손해 본다는 말은 아깝고 뭔가 화가 나는 자신의 입장에서의 표현이다. 어떤 상황에서든 당장 생각하고 실행하는 일은 쉽지 않다. 그래서 '노력하라'는 말이다.

바쁜 학창 시절, 아침 식사를 마치고 수저를 던지듯 나가는 나에게 작은 소리로 자주 한 말이다.

"수저 똑바로 놓고 가야지."

그때는 잔소리로 들었다. 그런데 사회인이 되어서도 듣는 이야기는 똑같다.

"수저를 들고 내려놓을 수 있는 게 얼마나 감사한데. 살아 있다는 거고, 먹을 수 있다는 거고, 또 오늘 내려놓는 수저가 인생의 마지막이 될 수도 있으니 마무리를 잘해야지."

하루의 힘을 얻는 식사 자리에서의 작은 감사가 삶으로 이어져 큰 감사로 확산되기를 바람이다.

지금 나도 그때의 엄마 나이가 되어보니 무엇을 말하고자 하는지 깊은 지혜를 좀 알 듯하다. 매시간, 하루하루를 흘려보내다 보면 늘 같아 보이는 시간들이 모여서 결국 삶을 이룬다. 어찌 보면 우리는 인생이라는 시한부 인생을 살아간다. 시간이 정해져 있다면 감사로 채

한 권으로 끝내는 상속의 모든 것

위가는 매일이 되어야 할 것이다.

생각해보면 외할아버지도 식사 자리에서 이런 말씀을 자주 하셨다. "먹는 걸 보면 그 사람을 알지. 하찮은 음식도 감사하며 먹어라." 그런 가정의 문화를 몸으로 습득한 어머니의 품성과 가르침이 나에게 자연스레 이어지는 듯하다. 나도 식사 자리에서 딸들에게 같은 이야기를 자주 하고 있으니 말이다.

정말 우리가 상속해야 할 것은 단지 보이는 재산뿐일까. 자본주의에서 생성된 우리도 모르는 이런 인식에 치우치지 말자. 정신적·문화적 상속이 있어야 물질적 상속이 부수적으로 따라오는 것이다. 세금 등으로 인해 상속이 부각되고 어마어마하게 커 보이지만 본질은 아니다. 아무리 재산이 많아도 3대 가기 어렵다는 말은 단지 물질만 강조하는 것이 상속이 아니라는 것을 반증한다. 재산은 3대쯤 가면 없어지더라도 우리 가문의 가치들은 이어갈 수 있도록 노력하자.

흙수저는 불에 달구면 도자기 수저가 된다. 금수저는 불에 달구면 녹는다. 물론 각각의 용도는 다를 수 있다. 누군가 만든 한 단어가 시대를 풍자하기도 하지만 때로는 지배받기도 하니 화가 나기도 한다. 누군가 만들어낸 흙수저라는 용어의 비약에 우리 자존감을 쉽게 올려놓지는 말자.

말은 사람을 지배한다. 이런 언어 사용은 소각시키자. 평생을 공들여 만든 작품은 우리다.

돈만 물려주는 것은
아이의 인생을 망치는 지름길

오렌지족, 수표족, 캥거루족 등 이 중 한두 개의 단어는 익히 들어 봤을 것이다. 돈을 과시하며 개념이 없는 젊은층을 가리키는 특정 단어다. 이 같은 신조어에는 세태를 풍자하는 내용이 함축되어 있다. 생각 없이 말초적인 것만을 즐기는 특정 부류를 말하는 단어 안에는 소비 성향에 대한 고민의 흔적이 없다. 증여나 상속 과정을 거치지 않았어도 부모의 부를 자녀도 같이 영위하는 모습에 가깝다. 있는 자산을 쓰는 것을 뭐라고 하는 것은 아니지만 쓰는 용도가 물질만능주의에 가깝다면 향후 자녀를 망칠 가능성이 매우 크다.

예전보다 자산이 커지는 속도가 매우 빠른 시대다. 그러다 보니 향후 예상되는 세금이 커질 수밖에 없다. 대안으로 고액 증여를 성급하

172

게 먼저 해주는 경우가 빈번하다. 큰돈을 증여해주고 사업해보라고 하는 경우도 있다. 한 번은 망해야 사업을 배운다나? 일리 있는 말이지만 준비되지 않은 자녀가 증여받은 돈은 부모의 의사와 다르게 사라지기 쉽다.

물론 의미를 담아 제대로 증여하거나 상속하는 분들도 많다. 미리 물려주지 않는 것도 문제이지만 준비 없이 물려주는 것이 더 큰 문제라고 할 수 있다. 돈을 어렵게 벌어보지 못한 세대는 돈의 관리에 매우 취약하기 때문이다.

열심히 평생을 지켜온 재산을 쉽게 넘겨서는 안 된다. 잘못된 증여는 모든 사람의 불행으로 역습될 수 있음을 반드시 기억하라. 제대로 준비하여 물려줄 자신이 없다면 차라리 기부하라. 자녀를 위해서 말이다. 어떤 방식으로 자녀에게 유산을 물려주어야 할지 부모는 늘 고민해야 한다.

일정 자산이 모이면 자녀에게 돈에 대한 교육을 하라. 어렵게 돈을 벌어보게도 하고 여유 있게 돈을 주지 않아 힘들게 살아보기도 해야 한다. 부모의 도움을 받았다고 해도 세상에는 도덕적이지 않은 사람들도 있다. 이를 잘 분별할 수 있도록 평소에 지도하라. 거액 증여 수령 후 관리법을 몰라 한탕주의로 사용하는 경우도 적지 않다. 쉽게 받은 돈은 쉽게 나가기 마련이다.

자산을 증여하기 훨씬 전부터 돈에 가치와 정신을 불어넣는 작업을 시작해야 한다. 자녀가 1명이 아니고 여럿이라면 더욱 형평성에 조심해서 계획한다. 아무리 잘 자른 케이크라도 자신의 것이 작아 보이기

마련이다. 자칫 여기서 틈이 갈라지면 향후 상속 재산 처리할 때 불협화음이 생길 수 있으니 주의한다. 자녀들에게 증여 전후 몇 가지 노력을 기울여보자.

- 평소 돈을 벌게 해서 가치를 알게 하자
- 너무 풍족하지 않게, 적절한 재산을 조절하자
- 기부로 돈의 역할을 알게 하자
- 금융에 대해 공부하게 하자
- 부동산 등 관리 방법을 가르쳐라
- 주기적으로 증여 자산에 대해 확인하자
- 자녀들끼리의 시간을 주기적으로 만들어주어라
- 가업에 참여시켜라

돈이 많은 사람이 없는 사람들보다 더욱 관계가 복잡하고 행복하지 않은 경우도 있다. 재벌가의 형제치고 사이좋은 집안이 없다고 할 정도다. 하지만 그들은 풍족한 어린 시절을 보내왔기에 어려움이 닥치면 견디지를 못한다.

재산을 자녀에게 물려주려는 계획을 세웠다면 자녀에게 정말 이로운가를 스스로에게 질문하라. 이로 인해 자녀의 인생을 망칠 수도 있기 때문이다. 사랑하는 자녀들을 위해서 더욱 차가운 마음을 가지고 이성적으로 준비하자.

한 권으로 끝내는 상속의 모든 것

얼마 전 상담한 50대 초반의 기업 대표 부부는 종신 보험 상품을 2개로 나누어 가입하고 특별한 계약을 진행했다. 2건 모두 피보험자는 남편이었지만 수익자는 달랐다. 하나는 상속세 재원으로 수익자가 아내였고, 다른 하나는 공익 재단을 수익자로 하는 계약이었다.

　후자의 계약은 아들에게 특별한 의미를 남기는 자산으로서의 역할을 하게 될 것이다. 물론 이 계약에 대해 아들에게 편지를 준비할 것이라고 했다. 돈만 물려주는 것이 아닌 자신만의 가치를 상품에 담은 특별한 계약이었다. 이렇게 보험, 신탁 등 다양한 방법으로도 의미 있는 메시지를 담을 수 있다.

유대인의 상속에서
우리가 배울 것들

1967년, 미국 공항은 젊은이들로 북새통이었다.

미국의 수많은 유대인이 이스라엘과 아랍의 전쟁 시 고국으로 돌아가기 위해 모인 것이다. 이런 일이 과연 가능한가. 전쟁이 난다면 출국하기 위해 북새통인 게 일반적인 현상 아닐까?

'세계 인구의 0.2%, 아이비리그의 23%, 미국 억만장자의 40%, 노벨 수상자의 3분의 1, 미국 유명 대학 교수의 30%, 세계 정치와 월가의 부를 이끄는 주역, 세계 최강의 군대와 안보 시스템(아이언 돔), 10억 달러 이상의 자산가가 가장 많은 민족, 사막 한복판을 글로벌 기업들의 R&D 핵심 지역으로 만드는 사람들', 그들은 바로 유대인이다. 자신들이 유대인이어서 자랑스럽다는 비율이 95%가 넘어서는 민족! 세계가 부러워하는 유대인의 성적표이고 이는 해마다 갱신되고 있다.

오늘날까지 유대인을 생존시켜온 2가지 요소는 무엇인가. 하나는 물질적 자산이고 또 하나는 정신적 유산이다. 그중 하나만 꼽으라면 당연히 정신적 유산이 될 것이다. 왜 유대인들에게 정신적 유산이 그토록 중요할까. 물질적 자산은 시대나 환경에 따라 쉽게 잃거나 강탈당하곤 했지만 정신적 유산은 그 어떤 상황에서도 그들의 머릿속에서 빠져나가지 못하는 완전한 소유물이었다.

랍비 조셉 텔루슈킨Joseph Telushkin이 지은 『유대인의 상속 이야기』(북스넛, 2014)에 실린 이 글을 통해 물질적인 것보다 정신적 유산이 매우 중요하다는 것을 알 수 있다.

유대인은 선천적으로 다른 민족보다 지능이 높을 것 같은 선입견이 있다. 하지만 유대인의 지적 능력은 다른 민족과 큰 차이가 없다. 유대인들이 환경적으로 잘 결속하는 것은 정신적 유산 덕분이다.

수시로 되풀이되며 희생되어온 삶의 바탕에는 선민 민족이라는 신념이 깔려 있고, 흔들릴 수 없는 정신적 유산에 집중하는 민족성도 빼놓을 수 없다. 결국 그 정신이 뿌리가 되어 변함없는 유산으로 상속되고 있다.

우리는 이제까지 상속 계획하면 보통 재산을 생각해왔다. 세율이 과도해 우리도 모르게 세금에만 편중되어 진정한 정신의 상속은 잊고 있었다. 즉 상속세를 줄이는 데만 집중하고 있었다. 그렇다면 이번 계기로 유대인의 경우를 보면서 진정 우리가 물려주어야 할 상속을 다시 생각해보자. 물질적 상속에서 잠시 벗어나 보자.

(1) 각자의 생각을 존중하는 가치, 마따 호쉐프

유대인의 교육 현장에서 가장 많이 쓰이는 말은 바로 '마따 호쉐프', 즉 '너의 의견은 무엇이니?'다. 학교에서도 집에서도 하루에도 수십 번씩 유대인들은 자녀에게 질문한다. 생각하는 힘을 가르치는 것이다.

100인 100색! 그들은 100명의 유대인에게는 100개의 다른 생각이 있다고 믿는다. 그렇기 때문에 점수를 매기는 학교 성적표는 존재하지 않는다. 100명의 다양한 생각만이 존재할 뿐이다. 그리고 이 생각을 존중한다. 생각이 많으면 하나로 뭉치기 어려울 것 같은데 오히려 많은 생각의 힘이 뭉쳐 더 강력해진다고 믿는다. 결국 같은 생각을 조심하라는 뜻이다.

다르게 생각해보자. 우리는 아이들에게 획일적인 생각만 강요하는 것은 아닐까 되짚어보자. 아이들에게 생각의 확장을 할 수 있는 기회를 마련해주자. 이를 존중하는 분위기는 미래 성장에 도움을 줄 뿐 아니라 아이들의 자존감도 함께 성장할 것이다.

(2) 기부, 자선이 삶의 일부

유대인의 기부는 아이들이 기부가 무엇인지도 모르는 18개월부터 시작한다. 여러 목적에 맞는 기부통(쩨다카, 가난한 사람을 돕거나 가치 있는 일에 기부)을 거실에 여러 개 준비하여 식사 전에 돈을 넣고 식사를 한다. 돈의 개념을 알기 전에 기부부터 시작하는 것이다.

기부는 따로 떼어놓고 생각해서 나누는 것이 아니다. 삶 그 자체다. 나누고 같이 살아가는 것이다. 유대인 부모들은 길거리로 나가 벌이는 각종 자선 행사 모금 행위도 하나의 일상으로 생각한다.

문화적·환경적 차이가 있지만 우리는 평소 얼마나 다른 사람을 위한 모금에 동참했는지 자문해보자. 우리 아이들도 자선 모금을 스스로 해볼 수 있도록 프로젝트를 만들어보자.

직접 해봐야 안다. 무언가를 스스로 해보고 도전해보면서 사람들을 만나야 느낄 수 있다. 그 경험이 그 아이만의 진짜 자산이 된다. 유대인들은 풍족해서 기부를 하는 것이 아니다. 아끼고 아껴 소득 중 3분의 1을 자선에 쓴다. 무엇이 우선인지를 알려주는 숫자다.

유대인들은 돈으로 계산할 수 없는 소중한 것이 '나눔'이라는 것을 자녀들에게 몸소 보여주고 있다. 실제로 명문가 중에는 '자선과 기부'가 가훈인 가정이 적지 않다는 사실을 기억하라.

(3) 유대인의 돈에 대한 관점

누구나처럼 유대인들도 돈을 좋아한다. 나아가 돈을 잘 다룰 줄도 안다. 즉 돈을 돈답게 쓸 줄 안다. '돈은 매력적이고 귀중하지만 사람을 지배할 수 없다'고 유대인들은 자녀들에게 가르친다. 돈을 지배하고 다루는 것은 바로 사람이라면서 말이다. 누구나 아는 사실이지만 자주 망각한다.

돈을 정당하게 버는 것에 집중하는 것은 중요하다. 그 돈을 잘 이용하여 좋은 일을 실행하는 것 또한 중요하다. 돈으로 민족의 일을 할 수 있고, 세상을 변화시키는 선한 영향력에 쓸 수도 있다.

　우리는 무엇 때문인지 대화를 나누는 자리에서 돈 이야기를 꺼내면 수준이 낮은 것처럼 치부한다. 돈은 우리 삶과 뗄 수 없는 도구이자 우리의 현실에서 매우 중요한데도 말이다. 돈을 쓰는 용처가 선하지 않을 때를 경계해야 한다. 유대인들은 돈은 사람에게 좋은 '기회'를 준다고 여긴다. 돈을 잘 사용하여 많은 삶의 '기회'를 만드는 것이 중요하다는 말이다.

　한 권으로 끝내는 상속의 모든 것

가족의 스토리를 만들어라

가족이 함께 움직이며 만들어간 봉사나 경험은 가족을 하나로 묶어주는 좋은 재료다.

어린아이들도 5살만 넘으면 혼자 비행기를 타고 외국을 갈 수 있는 비행사의 시스템이 있다. '비동반 소아Unaccompanied Minor, UM 서비스'는 내가 늘 활용하고 싶었던 항공사 서비스다. 하지만 외국에 지인이 없다 보니 활용할 기회가 좀처럼 없었다.

결혼 전에도 여러 나라를 다니고 싶어 한 나는 아이들에게 어려서부터 많은 나라를 혼자 다니도록 하고 싶었다. 그러나 아이들이 초등학교를 입학한 후에도 기회가 없자 졸업 전에 부산이라도 보내기로 했다. 여자아이들이고 4, 5학년이니 걱정은 되었지만 그 나이에 꼭 경험시켜보고 싶었다. 누군가가 그랬다. 아이는 보호하는 만큼 약해진다고.

계획은 미리 세우지만 우리의 준비는 계획적이지 않은 것처럼 아이들에게 접근한다. 벌써 12년 전의 일이다.

한 달 전부터 은근히 부산을 자매끼리만 가도록 유도했다. 부산 지도도 보고 유명한 곳도 검색하고 맛난 음식도 찾아본다. 집에서 출발하는 시간과 돌아오는 시간을 계획하고 동선을 같이 준비한다.

날짜가 다가올수록 아이들은 슬슬 겁내기 시작한다. 사실 둘만 여행을 보내는 게 우리 부부도 처음이라 걱정은 되지만 표현하지 않았다. 부모가 흔들리면 안 되니 말이다. 두 아이의 안전한 여행을 위해 10분마다 위치를 알려주는 서비스도 신청했다. 무박 2일이라 아이들은 수원에서 부산으로 향하는 밤 기차를 타고 출발했다.

그날 밤 우리 부부는 한두 시간은 아이들보다 더 걱정하며 시간을 보냈다. 그래도 아이들이 지나는 곳마다 핸드폰에 알람이 울려서 안심하고 저녁잠을 청했다.

그러다 새벽에 부산의 한 택시 기사로부터 전화가 왔다. 여자아이 둘이 새벽에 부산 자갈치시장에서 차를 탔는데 애들끼리 여행 온 게 맞느냐는 확인 전화였다. 아뿔싸! 자갈치시장이 첫 여행지였는데 도착한 날이 일요일이라 휴장한다는 것을 몰랐다. 걱정된 아이들이 그곳에서 택시를 타고 다음 목적지인 태종대에 갈 때까지 찜질방에 가기로 하고 택시를 탔는데 이를 이상하게 생각한 기사 분이 전화를 한 것이다. 그 후 아이들과 우리는 전화 통화하지 않았다.

그날 밤 11시쯤, 수원역에서 아빠와 만나 집으로 돌아온 아이들은 하루 만에 어마어마하게 성장해 있었다. 바로 세상에 대한 편견이 사라진 것이다.

아이들은 믿어주면 누구보다 잘해낸다. 우리가 제한할수록 아이들이 누리는 세상의 범위는 좁아진다. 그래서 우리 부부는 그 범위에 제한을 두지 않기로 했다. 아이들보다 우리 부부가 어마어마한 여유와 믿음이 생긴 날이었다.

태안 사고 현장에서의 일들은 지금까지도 우리 가족이 살면서 손에 꼽는 추억이다. 태안으로 향하는 발걸음만이 해결 방안처럼 보였던 당시였다. 우리 부부는 긴 시간을 계획하여 여행 일정에 태안을 넣었다.

유출된 기름을 닦으러 가는 길에 만난 사람들은 마치 개미 떼가 지나가는 모습 같았다. 그 대열에 우리 가족도 있었다. 기름 닦을 천을 준비하는 할머니들, 밥을 짓는 아주머니들의 모습 등을 보면서 모두가 하나로 뭉칠 수 있음을 알았다. 큰 바위에 낀 검은 기름을 부지런히 닦던 아버지의 뒷모습은 아이들의 뇌리에 남아 있을 것이다.

그날 청소할 분량을 얼추 마치고 목욕탕을 가는 길이었는데 봉사자는 반값이었다. 힘든 곳에 봉사하러 와준 가족에게 보내는 목욕탕 주인의 고마움의 표현이었다. 아이들은 이후로도 태안에서 있었던 일을 자주 대화에 올리곤 했다. 사람들의 행동과 눈빛이 마음에 남는다면서 말이다. 그날 밤 우리 가족은 더불어 살아가면서 것에 대한 이야기를 많이 나누었다. 우리 부부의 전략이 성공한 밤이었다.

언젠가 아이들이 자라 각자의 삶을 바쁘게 살아갈 것을 대비에 추억을 담을 수 있는 공간으로 온라인 가족 카페를 개설했다. 시간 날 때마다 어린 시절의 사진도 올리고 일상을 영상으로 만들어 가족이 함께 공유했다. 외국에 가도 지방에 있어도 가족들의 소식을 공유하다 보니 떨어져 있다는 거리감도 없고 늘 가까이 있는 것 같았다. 이처럼 가족이 함께하면 힘든 일도 버티는 힘이 된다.

SNS의 발달로 매일을 기록하고 즐기는 재미가 풍부해지는 세상이다. 가족이 함께하는 소통 창구를 준비해보자. 기쁜 일, 힘든 일, 슬픈 일 등을 공유할 수 있는 공간을 준비해보는 것이다.

우리 기억은 오래가지 않는다. 하지만 기억을 재밌게 남기려고 하다 보면 나름의 의미와 행복감을 맛볼 수 있다. 일상이 스토리가 되고 그 과정이 즐거운 추억이 되리라.

사람은 감정의 동물이다. 마음에 따스함이 가득한 것이 인간의 본성이라면 그것을 함께하는 즐거움은 가족이 누릴 수 있는 축복 중 하나다. 지금 당장 밴드도 좋고 카페도 좋고 다른 것도 좋으니 가족만의 재미를 위한 소통법을 생각하고 시작해보자.

한 권으로 끝내는 상속의 모든 것

아이는 당신의 경제 습관을 닮는다

"황금 보기를 돌같이 하라!", "돌을 황금같이 보라!"

어떤 것이 맞는 관점일까? 중요한 것은 때마다 달라지는 답을 내리고 판단하는 시각의 능력인 듯하며 그 능력은 훈련되는 것이라 생각한다. 이 훈련을 시킬 수 있는 현명한 레슨은 부모로부터 나온다. 가정이 바로 훈련 장소다.

나는 여행이나 책을 사는 데 돈을 아끼지 않는다. 내가 가장 아까워하는 소비는 가구다. 내 기준에서는 가치가 올라가는 것도 아니고 우스개로 말하면 '먹지도 못하면서' 비싼 아이템이다.

결혼 당시 장롱과 식탁을 구매했고 워낙 저렴한 것이어서인지 부서진 지 오래다. 이후로 사업이나 다른 이유로 이사를 하다 보니 집의 규모와 상황에 따라 필요한 가구들이 달랐다.

나는 돈은 쓸 데 써야 한다고 생각한다. 이때 소비냐 생산이냐의 기준이 나름 있다. 그러다 보니 자연스럽게 아이들도 나와 비슷해진다. 조금 벌면 그 안에서 어쩔 수 없이 소비를 통제해야 한다. 그것이 연습되고 습관으로 자리 잡으면 소비로 그치는 소비가 아닌 생산이 되는 좋은 소비로 눈을 돌리게 되고 관심을 갖게 된다.

태어나서 우리가 처음 만나는 사회 구성원은 부모다. 여기서부터 보고 듣고 따라 하면서 훈련되어가는 성장이 시작된다. 3살 버릇이 여든까지 간다고 하지 않는가. 의식적으로 생각이 커지기 시작하는 3살부터 배우게 되는 모든 것은 습관이 된다. 기본적으로 부모의 DNA를 세팅하고 세상으로 태어나는 자녀이기에 이후 가정의 모든 환경은 스펀지처럼 흡수될 수밖에 없을 것이다.

내가 중심적으로 말하고자 하는 자녀의 경제 습관은 언어와 같은 맥락이다. 아이들은 나면서부터 부모의 언어를 따라 하면서 자연스럽게 언어를 습득하며 가장 많은 영향을 받는다. 글을 모르면 문맹이란 용어를 쓰는 것처럼 자본주의에서 자본에 대한 무지라면 이 역시 같은 맥락일 것이다. 이런 지식과 습관이 결국 80세까지의 미래 경제 습관으로 결정된다.

가르치는 것은 보여주는 것이다. 부모가 어떻게 돈을 벌고 어디에 사용하는지 설명하지 않아도 가정 사회 안에서 체득하게 된다. 부모가 먼저 열심히 버는 과정, 잘 쓰는 과정을 보여주면 자연스럽게 교육이 되는 것이다.

가정 경제 역시 문화다. 돈을 어디에 사용하는지 중요성을 배우게 되며 물질로서만이 아니라 돈이 일하게 하는 것들도 깨닫게 되는 것이다. 따라서 아이들도 부모의 패턴을 따라 그림을 그려가게 된다. 부부가 하나되어 의논하고 사용하는 모습도 매우 중요하다.

최근 한 신문에 나온 조사에 의하면 한 이불을 사용하는 신혼부부 10쌍 중 2명이 결혼 전에 더치페이를 한 것처럼 결혼 후에도 수입의 공유 없이 각각 관리한다는 결과가 나왔다.

옳고 그름의 문제는 아니지만 눈에서 멀어지면 마음에서도 멀어진다는 이야기가 있듯 물질에서 나뉘면 향후 쉽게 갈라질까 우려되기도 한다.

어린 시절 어머니는 옷을 사는 사람은 부자가 되고 먹을 것을 사는 사람은 부자가 못 된다고 하셨다. 옷이 먹는 것보다 비싼 시절이었다. 잠깐의 배고픔을 참고 옷을 사는 사람은 돈을 모으는 훈련, 소비에 약하지 않은 인내의 소유자라는 것이다. 일리 있는 말이다.

비슷한 결론은 세계적 베스트셀러 『마시멜로 이야기』(21세기북스, 2016)에도 나와 있다.

5살 아이들에게 마시멜로를 1개씩 준 다음 먹지 않고 15분 기다리면 1개씩 더 준다고 알려준다. 이후 15분 기다린 아이들이 20여 년 후 어떻게 성장했는지 조사하니 기다린 아이들은 다방면으로 잘 성장해 있더라는 유명한 실험 결과 이야기다.

성격 DNA도 있지만 이 역시도 부모의 영향이 끼쳤을 것이다. 5살이면 벌써 부모의 소비 패턴이 전수되었을 나이다. 아이들은 보고 배운

대로 하기 때문이다.

나는 경제도 소통의 중요성을 강조한다. 소비에서도 가족 대화를 하는 것이 좋다. 가정의 재정도 오픈하여 공유하라. 현재 한 달 수입이 얼마이고, 어떻게 사용되고, 얼마가 부족하다 등을 공유하자. 이것을 이해시킴으로써 가족이 한 울타리 안에서 규모의 경제를 생각하게 된다. 자식에게라면 어떻게 해서든지 다 해주는 방식은 옳지 않다. 하지만 부모라는 자리가 되면 내리사랑이라는 마법으로 희생을 각오하게 된다. 그것이 향후 서로에 대한 이해가 부족하게 되는 첫 눈덩이가 될 수도 있다는 생각을 가져야 한다.

이런 경제관념부터 심어주면서 자녀들의 독립을 준비하자. 독립시키기 위해 우리는 양육하는 것 아닌가. 경제 습관은 물론이고 부모가 걸어온 길과 향후 나아갈 길에 대한 나눔도 깊어져야 한다. '나는 고생하고 너는 즐겨라' 식의 잘못된 사랑으로 이어지면 온실 속 화초를 자초하게 된다.

캥거루족이라고 하던가. 학교를 졸업해 자립할 나이가 되었는데도 부모에게 경제적으로 기대어 사는 젊은이들을 일컫는 용어다. 유사시 부모라는 단단한 방어막 속으로 숨어버린다는 뜻으로 '자라족'이라고도 한다.

우리 자녀가 캥거루족에 합류하지 않는다는 법은 없다. 돈은 쉽게 들어오는 것이 아니며 숭고한 가치가 있게 사용되어야 하는 특별한 재화임을 알게 해야 한다.

돈은 다른 사람을 도울 수 있는 아름다운 일도 거뜬히 해내지만 삶에서 가장 많이 휘둘리고 상처도 줄 수 있는 양날의 검임을 깨닫도록 해야 한다.

우리는 언제부터인가 소비에 무방비하게 노출되어 있다. 저축은 꼴찌이고 신용 카드 사용이 세계 1위다. 소비에 익숙해져 있다는 말이다. 어디서부터 우리의 수익과 지출이 잘못된 방향으로 가고 있는지 가정부터 점검해보자.

더 비싸고 더 좋은 것에만 눈길이 가는 건 아닌지 생각해보자. 무언가 있어 보여야 자존감이 상승되는 듯한 이 심리의 바닥에 무엇이 있는지 점검해보자.

우리 자녀들도 똑같다. 세계 어디를 가도 우리나라처럼 큰 승용차가 즐비한 거리는 보기 힘들다. 아마 우리 아이들이 그대로 답습할 것이다. 역으로 아이들에게 좋은 습관을 물려준다면 멋지게 따라 하고 잘 활용할 것이다. 돈에 대한 긍정적 인식과 활용을 제대로 하도록 기준을 세워주자.

미국이 자랑하는 최고의 부자 가문 중 하나인 록펠러 가문을 들여다보자. 우리가 알고 있는 유명한 가정 경제 교육 이야기다. 록펠러는 어려서부터 용돈이며 아르바이트로 받은 수입, 자신에게 발생되는 수입과 지출을 기입장에 매일 기록하는 것이 중요한 일과였다.

결혼 후 록펠러는 아이들에게도 매주 기입장에 적게 하고 반드시 확인했다. 기입장은 개인적으로 쓴 금액, 저축, 기부 등으로 분류해 작성했다.

기입장을 잘 작성하면 상금을 주었고 그렇지 않으면 벌금을 내야 했다. 록펠러는 어려서부터 아이들이 경제관념이 자리 잡도록 노력했다.

록펠러 가문에 대한 책『십일조의 비밀을 안 최고의 부자 록펠러』, (이대웅 지음, 미래사, 2012)에는 이렇게 쓰여 있다. "나는 항상 돈으로 인해 우리 아이들의 인생이 잘못될까 봐 걱정되었다. 그래서 아이들이 돈의 가치를 알고 잘 사용하고 불필요한 곳에 돈을 낭비하지 않기를 바랐다."

록펠러가 자녀들의 돈에 관한 체계를 잡아주기 위해 얼마나 노력했는지 엿볼 수 있다. 아이가 기입장을 제대로 작성하지 않은 경우에는 잠을 재우지 않을 정도였다니 그 철저함이 놀랍다.

워런 버핏Warren Buffett은 주식 중개인 아버지 영향으로 8살 때부터 아버지가 보던 금융 책들을 읽기 시작했다. 아버지는 버핏이 11살 되던 해, 증권 거래소를 동행하여 주식 거래의 길을 열어주면서 트레이딩을 적극 경험하게 하였다. 학교 다닐 때는 교사들이 버핏에게 종목 추천을 받을 정도였단다. 재능도 있었겠지만 시작과 과정에서 보여준 아버지의 믿음은 빼놓을 수 없다.

이런 대단한 아버지와 반대로 경제 교육 및 자녀에 무관심해 세 아들을 가난뱅이로 살게 한, 우리는 존경하지만 가정에서는 외면당했던 에디슨도 있다. 그만큼 부모의 모습은 자녀들에게 거울이 된다.

세계적으로 회자되는 대단한 사람들의 경우가 아니더라도 물건을 아끼거나 소비를 제한하는 방식 등의 기본적인 작은 규범들은 아이들

한 권으로 끝내는 상속의 모든 것

에게 매우 중요하다. 나는 아이들이 어렸을 때부터 직접 리사이클 의류 매장에서 스스로 옷을 고르게 하는 일을 시작으로 무엇을 아껴야 하는지 어디에 돈을 써야 하는지 가르쳤다.

고급 옷을 사주기 위해 일하다 사망한 아버지의 이야기가 뉴스에 보도된 적이 있을 정도다. 무엇이 중요한지에 대한 경종이었다. 그즈음 우리 부부는 고급 옷을 사는 대신 그 돈을 다른 데 활용해보기로 했다.

주식 계좌를 만들고 구매한 주식 값을 옷과 비교하면서 돈의 크기가 아닌 실질적으로 보이는 비교를 해주기도 했다. 기업의 가치에 대한 이야기도 잊지 않았다. 그리고 20살 이후부터는 부모로부터 경제적으로 분리되어야 한다고 이야기해오고 있다.

큰딸은 대학을 다니며 외국인들에게 한국어를 가르치고 아르바이트를 한다. 이 소득을 모아서 시드 머니를 만들고자 달리고 있다. 목표 금액은 크지 않지만 작은 목표를 달성해보았으니 다음번에는 좀 더 큰 금융 목표를 바라보게 되리라.

둘째에게 들어가는 학비는 졸업 후 상환받기로 했다. 시중 금융 이자까지 계산했고 상환 시기는 졸업 후 의논하기로 했다. 당연히 결혼은 각자가 준비하는 것으로 인식되어 있다. 이 책을 미래의 사위들이 꼭 읽기를 바란다.

이렇듯 세상과 부딪쳐보는 시작부터 경제에 대한 실제적 체험이 필요하다. 부모는 경제적 통장 주머니가 아님을 초등학교부터 세뇌를 시켜온 독한 엄마다. 자녀는 태어나면서부터 부모에게서 독립하는 것은 당연하다. 그래야 우리가 없어도 잘 살 수 있다.

가정에서 부모가 먼저 보여주고 자연스럽게 다음 세대로 이어간다면 향후 승계하는 과정에서도 합리적으로 잘 감당하는 2세대로, 3세대로 자라게 될 것이다. 아이들이 가정을, 가문을, 가업을 잘 감당하는 리더로서 성장하려면 우리의 모습을 매일 거울에 비추어보자.

위대한 상속이란 작은 씨앗부터 싹 틔우는 윗세대의 작은 노력부터 시작된다. 규모의 크기는 논하지 말자.

고수가 되자. 고수란 작은 것부터 만들어가는 가르침을 고집하며 방향을 만들 수 있는 키를 쥐고 있는 바로 당신이다. 그런 당신이야말로 위대한 스승이다.

한 권으로 끝내는 상속의 모든 것

선한 영향력을 상속하라

　고객과 상담하다 보면 생각하는 것보다 선한 나눔 실행을 계획하는 분들이 꽤 있다. 공익 재단이나 복지 단체에 기부로 증여 실행하기를 권한다. 지금이 아니라 상속으로 향후 준비를 한다면 공증 유언장을 준비하는 것이 바람직하다.

　20여 명의 직원을 둔 50대 중반의 대표 E씨와 상담한 적이 있었다. E씨는 흔히 말하는 강남의 집 한 채와 대지, 금융 자산, 공장, 설비 등 자산도 어느 정도 가지고 있다.

　어려서부터 기계일로 시작해 자수성가한 E씨는 현장 근로자들에 대한 마음이 각별하다. E씨는 자산 중 부동산을 지역 내 기술고등학교에 증여하였다. 몇 년 뒤에는 금융 자산 중 일부를 학생들 장학 기금으로 내놓겠다는 포부도 있었다. E씨는 기부의 즐거움과 의미를 아는 분이었다.

공장에서 만나는 E씨는 우리가 생각하는 대표의 모습은 찾아볼 수 없었다. 아주 평범한 모습이었다. 사업의 여유가 있어서 E씨가 기부를 결정한 것은 아니다. 물론 유언장 없이 상속 개시되어도 부모님의 유지를 담아 소중하게 실천할 자녀도 있다. 화합이 잘되는 가정의 자녀들은 부모가 남겨준 삶의 자세대로 살아갈 것이다.

마음을 이웃과 나누고 실행하는 것을 자녀들에게 보여주는 것이야말로 아버지의 영향력을 보여주는 소중한 정신적 재산이 된다. 이런 가족 문화는 어려서부터 심어주어야 한다.

규모를 이야기하는 것이 아니다. 마음을 가지고 있느냐 없느냐의 문제다. 가족이나 지인에게 하는 증여는 공제한도가 있지만 다른 재단 또는 복지 시설에 증여나 상속하는 것은 세금이 없다. 자주 정기적으로 기부하는 가정의 문화를 만들자.

어려웠던 시절이 있던 사람만이 다른 사람의 마음을 안다. 아무리 돈이 많아도 부를 경계하며 사회로부터 얻은 이익을 다시 사회로 돌려주려는 강력한 의지는 누구나 할 수 있는 결단은 아니다.

2017년 제5회 성천상을 수상한 한원주 원장(92세)을 소개한다. 성천상은 중외학술복지재단에서 음지에서 헌신적으로 의료 봉사 활동을 하는 의료인을 찾아내 수상하는 상이다. 한원주 소장은 국내외에서 의사로서 누릴 수 있는 많은 것을 포기하고 40년 가까이 봉사의 길을

한 권으로 끝내는 상속의 모든 것

걸어오고 있다. 부상으로 수상한 1억 원도 사회로 환원하겠다고 했다.

"애들은 다 먹고살 만해요. 죽어서 가져갈 것도 아닌데 걔네들에게 남기면 뭐할 건가요?" 도리어 기자에게 되묻는다. 사람이 "다른 사람을 위해서 헌신하는 것이 가치요 인본"이라고 말한다.

한원주 원장의 부친도 오래 봉사를 해오던 의사였다. 평생을 환자들과 동고동락하는 부친을 보면서 자신도 그렇게 살아야겠다고 다짐했단다. 힘이 있는 동안은 몸과 마음을 치유하는 진료의 자리에 있겠다고 한다.

이렇게 자신의 재능을 평생 사용하는 기부 역시 값진 것이다. 우리 각자가 가진 재능을 파악하고 이를 항상 나누어주는 자세 역시 귀한 상속 재산이다.

구국 일념으로 모든 재산을 독립 자금으로 내놓고도 모자라 교육이 나라를 강하게 한다는 일념에 남은 것마저 대학 재단에 기부했던 경주 최씨 가문. 이처럼 각자의 자리에서 할 수 있는 방법으로 이웃과 나라를 위해 재능, 마음, 물질로 묵묵히 나눔의 길을 걸어가는 선배들의 모습은 이를 접하는 우리들의 잔잔한 마음에 파동을 일으킨다.

시간이 남아서 재력이 남아서 봉사와 기부의 현장에 참석하는 사람은 그리 많지 않다. 시간을 쪼개서 아끼고 모아서 나눈다. 누군가의 힘이 되고 나면 최종 수혜자는 자신이며 삶의 기쁨으로 재충전된다는 것을 잘 알고 있다.

함께 나눔에 동참하는 방법은 다양하다. 규모가 큰 기부도 있지만 가까이서 할 수 있는 것부터 알아보자. 주민센터를 통해 내가 사는 곳에 손길과 도움이 필요한 곳을 알 수 있다. 상황이 여의치 않으면 일정 금액을 지원하는 기부도 있다. 컴패션www.compassion.or.kr에서는 고등학교까지 교육받을 수 있도록 어려운 아이들을 후원하고 있다. 우리 가족도 컴패션을 통해 볼리비아의 한 소녀를 후원 중이다. 편지도 쓰고 사진도 오가며 서로를 응원하며 관계를 맺고 있다.

각각에 맞는 작은 기부에서 시작하다 보면 범위가 확장되기도 한다. 이런 결정을 할 때는 반드시 자녀를 참여시켜야 한다. 함께 한 방향을 바라보도록 먼저 의견을 주는 것은 기부 교육을 위함이다.

기부도 결정이고 습관이다. 해본 사람이 한다. 많이 가지면 많이 행복할 것 같지만 그렇지 않다. 주는 즐거움과 기쁨은 습관이 되어야 한다. 우리 아이들이 따스한 영향력을 확장하도록 이끌어주자.

빌 게이츠Bill Gates는 말한다. "현명하게 돈을 쓰는 일은 버는 것만큼 어려운 일"이다. 빌 게이츠는 자신이 번 많은 돈을 교육, 인구 안정 등 인류를 위한 목적에 사용하겠다고 선언했다. 얼마 전 아프리카 오지에 아내와 방문한 사진을 보았다. 아마 빌 게이츠는 그곳에 학교를 세우기 위해 밤새 행복한 실행 계획을 세웠을지 모른다. 그만큼 빌 게이츠는 기부를 즐긴다.

비슷한 사람들끼리 어울린다고 하던가. 빌 게이츠는 워런 버핏과 친하다. 워런 버핏도 '재산의 반은 사회에 내놓기 운동'을 하고 있다. 우리나라에서 가장 영향력 있다는 어느 목사는 반이 아니라 모든 것을 내놓고 상속의 길을 가야 한다는 설교를 한다. 99%, 50%를 주장하는 이 두 갑부가 들으면 놀랄 듯하다.

각 가정에서 그 규모를 의논해가며 조금씩 실행에 옮겨보자. 그런 가족이 뭉치고 하나가 되면 인간애의 목표, 선한 목표가 가정에 수립될 것이다.

주위를 돌아보며 다른 사람들을 따라 해보기도 하고 직접 만들어보기도 하자. 이를 이끌어가는 부모를 보며 자녀들은 존경하며 닮아갈 것이다. 반드시 물질이 아니어도 좋다. 부모인 당신만이 그 실행을 시작하고 가르칠 수 있다.

내리사랑처럼 기부를 가르치는 방식도 높은 곳에서 낮은 곳으로 흘러내려야 함을 꼭 기억하자. 마음 가는 곳에 물질 가고 물질 가는 데 마음도 간다. 커피 한 잔에도 사과 한 알에도 소중한 마음을 담을 수 있다. 기부는 보여주어야 본 대로 자녀들이 행한다. 이것이 상속이다.

우리나라에 아너소사이어티www.honorsociety.or.kr라는 모임이 있다. 사회복지공동모금회가 2007년 12월에 설립한 개인 고액 기부자 클럽이다. 개인 기부 문화를 확산시키기 위해 만들어진 모임이다.

5년 이내에 1억 원 이상을 납부하기로 하고 약정한 개인 기부자(최초 가입 금액 300만 원 이상, 매년 일정 비율 20%로 기부)는 약정 회원이 될 수 있다. 일시 또는 누적으로 1억 원 이상의 기부금을 완납한 개인 기부자는 정회원이 될 수 있다.

2017년 현재 1,000여 명의 회원이 등록되어 있는 아너소사이어티에는 유명인들과 기업인, 개인 등이 참여하고 있다.

내가 누군가 어려울 때 힘이 돼준 건 누군가를 돕는 일이었습니다. 그러니 없던 힘도 생기더군요. 아들에게 그걸 알려주고 싶었어요.(오선인더블유 원영식 회장, 첫 일가족 회원,「국민일보」)

무슨 곡예사가 외줄을 타는 식으로 지금까지 살아온 것 같아요. 사람이 태어나고 죽는 것에 대체 어떤 의미가 있는가. 내가 반드시 기부하고 죽어야 되겠다. 그런 생각이었습니다. 아너소사이어티 1호 회원이 된 것이 아마 제 인생에서 가장 보람 있었던 순간이 아니었나 싶어요.(1호 남한봉 회원,『기적을 만드는 사람들』, 로도스, 2012)

정말 그 죽이고 살리는 힘을 갖고 있는 돈이라면 좀 좋은 자리에 가져다 놓아서 좋은 일을 위해 쓰면 얼마나 좋겠느냐는 거죠. 돈이 위대하다면 그런 곳에 쓰임으로써 위대해지는 거 아니겠습니까!(이금식 회원,『기적을 만드는 사람들』, 로도스, 2012)

투자를 통한 사회 공헌을 하는 경우의 나눔도 있다. 메가스터디 www.megastudy.net 손주은 회장이 여기에 해당한다. 2016년 가을, 윤민창의투자재단을 설립해 스타트업의 젊은이들에게 투자를 지원하고 있다. 흔히 말하는 강남 아이들과 엄마들의 스타였고 현재도 잘나가는 교육 및 기타 계열사를 가지고 있는 그룹 회장이 손주은이다. 투자라고 하면 향후 수익으로 돌아올 것을 예측하고 펀딩하는 자본의 힘이다. 마이너스가 될 예상에 투자하기는 쉽지 않다. 누군가는 해야 할

한 권으로 끝내는 상속의 모든 것

일, 손해 볼 수도 있지만 가치 있는 일, 그런 사업에 도전하는 젊은이들을 위해 '응원 투자'하는 손주은 회장은 인터뷰에서 이런 말을 했다.

옳은 일을 하면 돈을 벌 수 있다는 것을 세상에 보여주고 싶었다.('창업가 후원 나선 학원 재벌」, 「포브스코리아」, 2017년 12월)

나도 기업에 투자하기 위해 기업들의 IRinvestor relations, 企業說明會 자리에 자주 참석한다. 손해 볼 수 있는 위험이 산재하면 대부분 투자자는 외면한다. 당연한 것 아닌가.

그러나 이 재단은 관점이 다르다. 누군가가 외면할 때 손잡아주는 재단이다. 세상 방식으로는 이해가 안 된다. 기업 손실 예상의 이유가 다른 이에게 필요한 가치가 되고 누군가는 해야 하는 옳은 일이라면 투자하겠다는 것이다. 수익이 나지 않아도 같이 손해 보고 하자고 작정한다. 이런 결단이 곧 간접 기부요, 세상의 기준에 도전하는 선한 영향력이라고 생각한다. 기부의 생각을 다양하게 확정하기를 바란다.

"내가 지금까지 이렇게 학업에만 몰두할 수 있었던 것은 누군가의 (혹은 어떤 재단의) 도움이 있었다. 이제 나도 누군가를 위해 받은 도움을 흘려보낼 것이다."

우리는 언론을 통해 이런 글을 자주 접하게 된다. 힘들고 지쳐 있을 때 누군가의 도움으로 잘 통과되어 일어선 사람이라면, 이후의 삶을 아무렇게나 살 것이라고 생각하지 않는다.

선함은 선함을 낳는다. 이런 일에 가족이 동참하기를 바란다. 서로 나누며 어울려 같이 살아가는 게 세상이다. 우리 가문, 우리 회사, 우리 가정으로 인하여 경제적 고민 없이 학업에, 연구에 집중할 수 있게 도움을 받고 있는 사람이 있는가? 그 정도는 아니어도 정기적, 비정기적으로 누군가를 위해 나눔을 실천하고 있는가?

- 전 재산을 나라의 독립을 위해 아낌없이 내놓고 부자를 마감한 집안: 경주 최씨 가문
- 자신의 전 재산 99%를 빈곤과 질병 퇴치를 위해 내놓다: 빌 게이츠
- 전 재산의 85%인 32조 원을 기부 결정한, 재산 절반 기부하기 운동 본부 회장: 워런 버핏
- "부자인 상태로 죽는 것은 치욕"이라고 말한 기부왕: 앤드류 카네기
- 자신 주식의 절반인 4,000억 원을 공익 재단에 출연하고, 한국판 '브루킹스재단'을 만드는 것이 목표: 한샘 창업주 조창걸 회장
- 윤민창의투자재단을 설립하고, 옳은 일하는 젊은 스타트업에 기부 투자: 메가스터디 손주은 회장
- 의술로 평생 약자를 위해 섬기는 국내 최고령 의사(92세): 매그너스재활요양병원 한원주 원장

이들은 자신이 가진 재산이든 업무 능력이든 다양한 방법으로 기부했거나 기부하고 있는 사람들이다.

미루면 기회가 없을 수도 있다. 유명인들은 쉽게 노출되기 때문에 더욱 돋보이는 부분도 있다. 우리 사회에는 조용히 보이지 않는, 많은

사람의 기부로 이어져가고 있다. 각각의 모습대로 우리 사회를 지탱하는 힘이 될 것이다.

　영화 〈버킷 리스트: 죽기 전에 꼭 하고 싶은 것들〉(2007)에 이런 이야기가 나온다. 고대 이집트인들에게는 죽은 후 천국 입구에서 신이 묻는 2가지 질문이 있다고 한다. "네 삶에서 기쁨을 발견했는가?", "네 삶이 누군가를 기쁘게 했는가?"란다.

　여러분도 잠시 시간을 내어 스스로에게 이 질문을 해보기 바란다.

　소크라테스Socrates는 "재산이 많은 사람이 그 재산을 자랑하는 일이 있더라도 그 돈을 어떻게 사용하는지 알 수 있을 때까지 그를 칭찬하지 말라"고 하였다. 지금 이 순간 우리 모두 함께 소크라테스가 한 말을 되새겨보자.

5장

위대한 상속을 위해
당신이 오늘부터 시작할 것

가족이 마음을 나눌 수 있는
특별한 시간: 여행

참 공감되는 여행사 광고 문구가 있다.

"내 소중한 가족에게 '여행 갈래?'라고 말하는 것은 '난 우리 가족을 가장 사랑해'라는 말과 같습니다."

격투 선수 최홍만의 기사가 실렸다. 아픈 어머니가 회복되면 가장 하고 싶은 일은 "어머니랑 여행을 가고 싶어요. 사람들 없는 곳에 어머니와 둘이서요. 사실 온천 가려고 계획도 다 세워놨는데…." 이렇게 우리는 가장 소중한 사람들과 시간을 보내며 추억을 만들고 싶어 하는 욕구가 있다.

이처럼 가족 사랑을 표현하는 방식 중에서 여행은 그 어떤 것보다 강력하다. 누군가와 여행을 하며 마음을 나눈 기억이 있는가. 여행은 다른 그 어떤 것보다 빼앗길 수 없는 자산이다. 가족이 함께했던 여행을 떠올려보면 슬라이드가 넘어가듯이 사진이 지나가는가.

결혼할 사람이 생기면 여행을 같이 가보라고 한다. 그곳에서 상대방의 행동은 물론 여러 상황에 대처하는 모습을 보게 된다. 마음을 열며 어떤 삶을 살아왔는지 어떻게 살아가고 싶은지 이야기를 나눌 수 있는 시간도 주어진다. 친해지기도 한다. 그만큼 우리는 다양한 환경의 자극을 받는다.

가족 상담을 하다 보면 서로의 그간 상황이나 현재의 생각을 모르는 경우가 많다. 최근에는 유학이나 다양한 형태로 떨어져 있다 보니 더욱 그렇다. 가족의 스토리로 만들어진 가족 추억 나이테가 적다는 말이다.

살아가면서 여행을 싫어하는 사람은 거의 없지만 떠날 상황이 안 돼서 움직이지 못하는 현대인이 적지 않다. 그만큼 우리는 빡빡한 일정표대로 살아가느라 바쁘다.

하지만 일상을 잠시 미루고 새로운 장소, 새로운 사람들을 만나 또 다른 세상으로 발을 내디디면 특별하고 즐거운 경험들을 만날 수 있다. 위로도 되고, 소통도 되는 기회도 되는 시간을 만들 수 있다.

요즈음은 국민 소득이 높아지고 여유가 생기다 보니 마음만 먹으면 세계 어디든 갈 수 있는 시대다. 조금만 눈을 돌려 여행을 가족 소통의 장으로 활용해보기를 권한다. 특히 사춘기 아이들과 떠나는 가족 여행은 적극 추천하고 싶다.

같은 곳에서 보내는 시간에 대한 기억은 가족을 하나로 묶어준다. 자신의 것을 내려놓아야 할 때도 있고 힘을 모아야 할 때도 생기는 것이 여행이다. 그러다가 서로의 모습을 재발견하게 된다. 여행은 인생의 축소판이라고 말할 수 있다.

여행하면 시간과 비용을 먼저 떠올리지 않았으면 좋겠다. 필요는 하지만 꼭 그런 고민 없이도 움직일 수 있다. 집 밖의 모든 곳이 여행지가 될 수 있다는 말이다.

함께 들판을 걷고, 해변을 걷고, 노을을 보고, 산을 오르고, 손잡아주고 밀어준다. 제주 올레길도 좋고, 산티아고 순례길도 좋다. 관광지나 옆 동네, 유적지 등도 가볼 만하다.

오래 보지 못한 사촌들을 만나러 가는 것도 설렌다. 하나같이 여행이다. 일단 가족이 같이 밖으로 나가라. 그래야 향후 가족 화합의 재산으로 돌아올 것이다. 가족의 문화란 소중한 기억들이 저축되어 만들어지는 것이다.

여행에서 시간을 보내다 일상으로 돌아오면 단단하게 결속이 된다. 서로에 대한 인정을 잘할 수 있고 생동감 넘치는 에너지도 생겨난다. 때로는 가족과 손을 잡고 노량진시장, 자갈치시장, 가락동, 동대문 등에 가보자. 새벽을 깨우는 사람들의 치열한 현장을 두 눈으로 직접 볼 수 있고 새로운 다짐을 하게 될 수도 있다.

그렇게 자란 자녀들은 이때의 기억을 새로운 가정 구성원들과 공유할 것이다. 다른 세계로 나아갔지만 가족이 같은 방향을 볼 수 있는 훈련이 된다.

여행을 강조하는 이유는 또 있다. 재산 분쟁 중 서로에 대한 이해와 배려가 부족한 경우가 꽤 있다. 이렇게 함께 추억을 쌓아온 가족 구성원들이라면 어떤 문제가 생겼을 때 풀어가는 과정이 조금은 수월할 것이다.

인도에서 성인식을 치른 아이들은 히말라야 여행을 해야 한다. 히말라야 여행은 매우 힘들다. 그 시간을 통해 훗날 닥칠 수 있는 어려움을 이길 수 있는 마음가짐을 준비할 수 있다. 또 그곳 사람들을 직접 만나고 어울려 살아가는 경험도 쌓게 될 것이다. 그만큼 여행은 다른 세상을 경험하여 삶에 영향을 주는 특별 수업이다.

인도의 시성 타고르Rabindranath Tagore를 위해 준비한 아버지의 여행 전략은 유명하다. 학습 적응을 잘하지 못하는, 요즘 말로 왕따였던 어린 타고르를 위해 떠난 4개월간의 히말라야 여행은 타고르 일생에 큰 영향을 끼치게 된다.

아버지는 타고르에게 여행 경비 관리를 맡겨 스스로 경제관념을 익히도록 했다. 일찍 일어나 공부하고 놀 때는 노는 부지런한 습관도 키워주었다. 이때의 대자연에서 받은 감동은 훗날 타고르의 책과 시에 등장할 만큼 마음속 자산으로 자리 잡았다.

특히 여행 중에 이 부자父子가 감탄한 넓은 초원을 아버지는 구매한다. 이곳이 바로 샨티니케탄Shantiniketan 지역이다.

이후 가정을 가진 성인 타고르는 아버지의 교육 방식으로 자녀들도 키우려고 노력했지만 잘되지 않자 샨티니케탄에 아이들 교육을 위한 첫 학교를 세우게 된다. 현재 유치원부터 대학교까지 운영되는 샨티니케탄의 시작이었다. 훗날 이곳에서 2번의 노벨상 수여자가 나오기도 했다. 거슬러 올라가면 시작의 씨앗은 아버지와의 여행에서부터라고 해도 부족하지 않다.

치밀한 계획을 세우고 시작한 부친의 전략적인 히말라야 여행은 타고르의 삶에 큰 영향을 끼쳤다. 이처럼 여행의 시간은 삶에 자극을 주고 새로운 꿈을 꿀 수 있는 동시에 자신의 생각을 자연스럽게 물려줄 수 있는 훌륭한 소통 방식이 된다.

학교에서 아이들은 어떤 문제가 생기면 가장 먼저 친구와 의논한단다. 돌아보니 내 학생 시절도 그랬었다. 돌아보면 친구들끼리 의논하면 해결 능력이 부족해 해결보다는 더 큰 문제로 발전하는 일이 많아 못내 아쉬웠던 시절이기도 하다.

왜 아이들은 가장 먼저 부모에게 달려가지 않았을까? 아마도 소통의 문제, 신뢰의 문제인 듯하다.

특히 동성 간의 친밀함이 중요하다는 생각에 나는 두 딸과만 여행을 자주 가며 친해지려 노력했다. 강원도, 제주도 등은 물론 일상에서도 두 아이와 함께할 수 있는 시간을 자주 만들었다. 어느 정도는 성공한 듯하다. 이렇게 가끔은 아버지와 아들이, 어머니와 딸만이 속마음을 편하게 할 수 있는 동성끼리의 여행도 추천한다.

여행의 중요성은 유럽 명문가에서도 찾아볼 수 있다. 방황하는 20대의 괴테Johann Wolfgang von Goethe에게 아버지는 이탈리아 여행을 권했다. 그러나 꼭 국외가 아니어도 좋다. 함께 움직이면서 가족의 그림을 그려나갈 수 있는 곳이면 국내든 국외든 상관없다. 그리고 그 나이에 맞는 스토리가 있는 곳은 자연이든 특별한 곳이든 모두 좋다.

단, 출발할 때 부모는 선친의 사진이나 아버지와 자녀들의 기념사진 등도 미리 준비하자. 또 가족이 함께 가족 여행 계획서를 작성하면 더욱 체계적이고 계획적으로 준비할 수 있을 것이다. 이때는 가족의 의견을 수렴하여 작성한다. 그것부터가 소통의 시작이다.

가족 여행 준비 팁!

① 기념일, 행사 등이 있는 날을 여행한다.

② 여행지를 선정할 때 가족 모두 참여하고 일정과 장소를 정한다.

③ 스토리가 있는 장소를 선정한다(경주 교촌, 호시료칸, 남이섬 등).

④ 출발 전 관련 자료를 준비(족보, 유품, 가족사진, 영상 등)하고 여행지 정보도 미리 숙지한다.

⑤ 가능하면 단체 티를 입어본다.

⑥ 여행지 스케줄을 미리 같이 작성한다(단체 운동이나 발표를 넣어도 좋다).

⑦ 대표는 가문의 역사 설명, 가족 헌장을 만들고 기념사진을 찍는다.

⑧ 연례행사로 정착시킨다.

⑨ 서로에게 편지 쓰기, 선물하기 등 가족 프로그램을 준비한다.

가족이 화합하고 결속되는 것은 여행의 부수 기능이다. 소중한 것은 가족이 현재의 삶을 사랑하면서 스토리를 즐기는 아름다운 휴식이 여행이다.

보이는 숫자는 아닐지라도 투자 대비 가늠할 수 없는 대박 수익률로 돌아오는 '가족 자본'을 마음껏 여행에 투자하기를 제안한다. 고급스런 휴양지도 좋지만 도움이 필요한 어려운 나라로 떠나보는 것도 괜찮다. 때로는 치열한 현장에서의 모습을 통하여 중요한 것이 무엇인지 함께 확인하는 시간도 될 것이다.

가까이에서 인생 최고의 사람들인 가족과 하나가 되자. 서로를 알아가자. 여행하는 동안 몸으로 받아들인 서로의 이야기는 행복하고 소중한 느낌으로 평생 남을 것이다. 그 어떤 대단한 물건이나 맛난 음식에 대한 모든 기억은 조금만 지나도 사라지지만 말이다.

"여행은 우리가 사는 장소를 바꾸는 것이 아니라 우리의 생각과 편견을 바꾸는 것이다."(아나톨 프랑스Anatole France)

나의 상속 계획을 가족과 공유하라: 상속 노트

얼마 전 지인과 강남의 한 식당에서 식사 중 옆 테이블의 이야기를 자연스럽게 듣게 된 적이 있다. 70대 초반 정도 되어 보이는 남자 분의 식사 중 이야기였다. 나의 관심사가 늘 상속에 있다 보니 더더욱 귀를 기울이게 되는 직업병인 듯하다.

강남에서 나름 빌딩을 소유한 분들의 모임 같았다. 그중 한 분이 건물을 누구에게 주고, 딸은 무엇을 주고, 손주는 어디까지 공부시켜준다는 등의 이야기를 하자 다른 한 분이 자식들이 좋아하겠다고 응수했다. 그분은 "나 죽으면 알겠지. 유서에 써놓았으니"라는 결론이었다. 마음 같아서는 끼어들어 "지금 증여하고 계획을 공개하세요"라고 말하고 싶었다. 주위 사람은 다 아는데 정작 가족만 모르는 상속 계획이다. 지금부터 이에 대해 이야기하겠다.

　40대 중반 되는 사람들을 대상으로 하는 세미나에서 상속 관련 질문을 하면 반응은 생각 외다. 상당히 의외의 질문으로 받아들인다. 나는 이것이 우리의 현주소라고 생각한다. 그래도 사업을 하거나 상속 재산을 받은 경험이 있는 경우는 조금 더 낫다. 60대 이상이라면 상속에 관한 준비 인원이 조금 늘어 10명 중 3명은 수립해놓았다고 한다. 그 외는 전혀 생각하지 않았다는 답변이 다수다. 계획을 세워놓았어도 이를 자녀와 공유한다는 사람은 한두 명 정도다.

　상속 계획은 하루아침에 완성되는 것이 아니다.

　어렵지 않은 수준의 큰 방향을 정하자. 구체적 실행 방향을 지속적으로 세우고 그때마다 수정한다. 가족 관계, 재산 상황, 세법 변화 등의 변동이 늘 존재하기 때문에 수정 또는 변경은 당연하다. 살아가면서 주기적으로 수정 변경하는 상속 계획은 나이 든 사람들만의 영역이라는 생각은 접어야 한다.

　적지 않으면 아무것도 아니란 이야기가 있다. 작은 노트를 준비하여 '상속 노트'라고 겉장에 이름을 적자. 미니 자서전 형태도 좋고, 남기고 싶은 삶의 지혜나 소중한 지인에 관한 이야기 등 나만의 상속 계획 노트를 하나씩 채워가자.

　상속 노트 안에 적는 것을 같이 생각하고 이를 자녀들과 주기적으로 이야기하며 적절하게 공유하자. 한 사람이 세상을 이별하는 것은 도서관 하나가 없어지는 것이라고 한다. 그만큼 한 개인이 세상에 있던 동안의 경험은 어마어마한 자료다. 이런 준비를 가족과 공유하는 이유는 자신의 철학을 전수하고 발생될 세금에 대한 대비, 사업체의 승계 등에 대비하기 위함이다. 또한 상속 노트에 적어놓으면 갑작스런 상황에 대비할 수도 있다. 상속에 대한 의미 있는 준비가 가능한 시기는 언제나 가능하지 않을 수도 있음을 다시 한 번 기억하자.

- 꼭 기억해주기 바라는 정신이나 철학
- 사랑하는 가족들에게 보내는 개별 편지
- 물려주는 자산의 획득 과정 및 향후 관리에 대한 생각
- 치매나 사고 시의 재정 관리 및 의료 관리에 대한 내용
- 장기 기증에 대한 생각: 카드 있으면 같이 보관
- 사전 연명 의료 의향서: 별도 양식은 없고 이에 대한 결정을 기록
- 기부에 관한 의견 및 실행 계획
- 주요 자산 및 관련 내용: 계좌나 비밀번호 등
- 꼭 챙겨야 할 사람에 관한 것
- 업무 및 여러 도움을 받는 전문가들: 소속, 이름, 전화번호 등
- 자녀들이 어떻게 살아주기를 바라는 내용, 자녀들의 자산 배분에 대한 생각 등
- 상속 자산 분배
- 생명 보험이나 기타 자산에 대한 사용 및 수익자 등의 지정에 관한 내용: 계약자는 보험 수익자를 수시로 변경 가능
- 사업체가 있다면 승계 계획
- 별도의 유언장: 공증 없어도 가족이 합의하면 그대로 유지

한 권으로 끝내는 상속의 모든 것

기부를 예로 들어보자. 만약 자산의 많은 금액을 기부하는 경우, 가족과의 소통 없이 유언장을 작성했다면 이에 대한 동의 없는 가족들이 기부받는 측과 소송이 발생할 수도 있다. 이는 '기부'라는 가치에 난감한 일이 일어나는 것이다. 그만큼 가족과 함께 자신의 의사를 준비하는 것은 이후의 문제 발생도 예방한다.

공익 재단이나 종교 단체 또는 평소에 마음을 두었던 단체를 수익자로 하여 종신 보험에 가입해 전달하는 형태의 기부도 있다. 이는 더더욱 가족과 공유해야 한다. 어떤 의사를 가지고 있고, 이에 대해 가족이 어떻게 생각하는지 배려해야 하는 것이다. 즉 가족과의 상속 계획은 평소 함께 이야기하는 것이 중요하다.

예전에 나는 이런 내용을 준비했으면 하는 마음으로 서류를 담을 수 있는 나무 상자를 선물한 적도 있다. 자신만의 노트와 보관할 서류, 사진, 소품 등도 넣을 수 있는 상자를 준비해보자.

어느 날 갑자기 가족이 한마음이 되지는 않는다. 가족은 가장 강력한 최소 단위의 사회이지만 다른 사람들과의 관계에 들이는 노력만큼 할애하지 않는 경우가 많다. 평소의 생활과 철학을 통해 스펀지에 물이 스며들 듯이 흡수되도록 가족과의 시간이 필요한데 말이다. 같은 마음으로 하나가 되고 그럼으로써 현재에 더 충실하고 행복한 가족 관계를 만들어갈 수 있을 것이다.

부모가 준비하지 않고 공개하지 않으면 상속 계획이 향후 자녀들에게 반영되기란 매우 어렵다. 우리나라는 자녀들이 먼저 상속 계획이 어떤지 물어볼 수 있는 분위기는 아직 형성되어 있지 않다. 그러니 미루지 말고 하나씩 준비해가자.

재산 분쟁의 많은 이유가 정확한 부모의 의사를 모른다거나 평소 가족 안에서 뜻을 하나로 모으지 못하는 경우가 대부분이다. 상속은 금액의 크기가 아니라 준비한 마음의 크기다. 마음을 나누고 공유하는 가족들에게는 훗날 아름다운 부메랑으로 돌아올 것이다. 가족은 뭉치라고 신이 피로 연결해준 기적의 관계다.

"한 인간의 가치는 무엇을 주느냐에 달려 있다."(아인슈타인)

같이 결정하는 상속:
유언장·가족 헌장

운동회에서 하이라이트라 하면 이어달리기를 꼽을 수 있다. 모든 관중이 응원하고 환호하는 분위기에서 이어달리기 선수가 넘어지고 다시 일어나고 끝까지 달리는 흥미진진한 장면을 볼 수 있다.

중간중간 바통을 건네주는 모습을 보며 이어달리기라는 종목이 인생과 많이 닮았다는 생각을 하곤 했다. 아마 직업병인 듯하다. 우리의 삶도 이렇게 좋은 바통을 넘겨주고 넘겨받는 과정과 흡사하다. 손에서 손으로 건네지는 그 바통이 유언장과 가족 헌장이 아닌가 싶다.

앞에서 살펴본 유일한 박사의 유언장에서 보듯이 잘 준비된 유언장은 자신의 뜻과 정신, 재산 사용에 대한 생각을 후대에게 전해줄 수 있다. 가정에서도 기업에서도 이런 바통의 뜻을 함께 공유하기 위해 가족 헌장Family Constitution을 제정하면 매우 유익하다.

(1) 유언장

유언장의 법률적 의미는 자기 자신의 사망으로 인하여 효력을 발생시킬 목적으로 행하는 단독의 의사 표시다. 즉 재산의 처분에 관해 법률적 유언에 따라 재산을 처분 및 분할하게 된다. 이것은 향후 자녀들 간의 잠재적 분쟁을 미연에 방지하는 방법이다. 동시에 자손들에게 재산에 대한 철학이 동반된 정신 상속의 역할도 하는 기록물이다.

유언장은 물려주는 사람의 단독 결정으로 작성이 가능하며, 유증은 증여와 비슷한 법률적 효과도 있다. 하지만 평소의 의사소통을 반영해야 한다. 그렇지 않으면 뜻하지 않는 가족 불화로 번지는 원인이 될 수도 있다.

유언장이 의미 있는 의사 표시가 되려면 준비 시간을 길게 가지며 작성해야 한다. 유언장을 통해 전해지기 바라는 뜻을 상속인들이 존중하고 신뢰하면서 화합될 수 있도록 기록해야 한다. 손자녀를 지정하여 상속하고 싶다면 반드시 유언장에 작성한다. 손자녀가 이어가기를 바라는 이유를 명시하여 향후 성장 과정에서 인지하도록 미리 기록해 두면 좋은 교육이 될 것이다.

(2) 자필 증서

혼자 작성 가능하다. 반드시 친필로 작성한다. 유언장의 내용이나 존재 여부를 비밀로 할 수 있다. 내용을 적고 작성 연월일, 유언자의 주소와 이름, 손도장 또는 도장으로 날인하여 완성한다. 증인이 필요 없고 비용도 들지 않는다. 반드시 본인이 작성하며 대필은 안 된다.

(3) 공정 증서

유언자가 미리 작성한 내용을 공증인이 읽고(원래는 본인이 읽지만 대부분 공증인이 읽고 진행) 공정 증서(=유언장)를 작성한 다음 내용에 대해 유언자 본인과 2명 이상의 증인이 손도장 또는 도장으로 날인하여 이를 공증인이 보관하는 유언 형태다. 분실, 은닉, 위조, 변조의 가능성이 없다.

공증인이 함께 참여하여 완성한 것이므로 상속 개시 후 법원의 별도 검인 절차 없이 유언으로 사용할 수 있다. 공증인을 병상이나 자택 등 원하는 곳으로 불러서 작성할 수도 있다. 유언자가 문맹이어도 원하는 것을 전달하여 작성할 수 있다. 방식이 엄격하고 법적인 효과가 높은 대신 비용이 발생한다.

(4) 육성 녹음

본인의 육성으로 녹음기나 영상 기기를 이용하여 유언의 취지, 성명, 연월일을 말로 녹음한다. 증인을 같이 녹음에 참여시켜 유언 내용이 사실인지 확인하도록 구술한다. 증인은 이 녹음이 유언자의 녹음이 틀림없다는 확인과 본인 이름도 구술로 녹음한다. 단, 상속인은 증인이 될 수 없다. 사망 전 사람들이 있는 곳에서 유언자가 녹음해도 인정받을 수 없다.

(5) 비밀 증서

유언을 비밀로 하기 위해 쓰는 방법이다. 성명 등 필수 사항이 들어간 유언장을 밀봉하여 2명 이상의 증인에게 유언장임을 알려주고, 봉인한 곳에 연월일을 적은 다음 다 같이 손도장 또는 도장을 찍어 작성한다. 밀봉한 날짜로부터 5일 이내에 공증인이나 가정법원의 서기에게 제출하고 봉인 확정 일자를 받아야 한다.

(6) 구수 증서(받아쓴 유언장)

질병이나 긴박한 사유로 유언하는 경우에 해당한다. 2인 이상의 증인이 참여하여 구술하고, 이를 다른 사람이 필기하여 증인이 내용을 확인한 다음 각자 손도장 또는 도장을 찍어 준비한다. 긴박한 사유가 종료된 후 7일 이내에 법원에 검인을 신청하여 증명을 받는다. 구수 증서 유언은 다른 방법으로 유언이 불가할 경우 급박한 사정이 있을 때 보충하는 유언이므로 긴박한 상황이 아니라면 구수 증서로서 무효다.

(7) 가족 헌장

한때는 국민교육헌장이 있었다. 이 헌장은 국민들이 다 같이 대한민국 국민으로서의 대우와 방향, 목적을 바라보는 기능을 하기도 했었다. 지금은 아니지만 공통의 무언가를 만들어 공유하는 것은 긍정적인 효과를 발휘한다. 가족이 추구하는 합의된 정신이나 규약, 비전 등을 같이 결정하여 문서로 작성해보자. 현세대 또는 다음 세대에 이어질 만한 가치 있는 헌장으로 남겨보자는 말이다.

한 권으로 끝내는 상속의 모든 것

가족 헌장은 다음 세대 가족 구성원, 기업, 기업 대표 등을 위해 매우 중요하다. 가족이 이어갈 철학과 흔들려서는 안 되는 원칙과 정책 등을 가족이 같이 만든 일종의 가족 헌법이기 때문이다. 명문화된 가족 헌장을 통해 가족은 구성원들이 많아져도 후대까지 이어지며 가문에 대한 자랑, 자존감은 상승될 것이다.

가족 헌장은 법적 구속력이 없다. 따라서 자유롭게 의견을 주고받으며 작성할 수 있다. 각 가정에서도 가족 헌장을 만들어 벽에 걸어보자. 보는 것이 믿는 것이다.

세계적 장수 기업들은 가족 헌장을 만든다. 가족 헌장을 갈등이 발생할 때나 가족의 단합이 필요할 때 의미 있는 가이드로 쓴다.

가족 헌장을 만들어가는 과정이 중요하다. 각자의 생각과 의견과 비전을 모으는 작업 자체가 의미 있다. 이런 과정을 거친 가족 헌장은 가족이 하나가 되고 소통의 장이 될 수 있다. 가훈 또는 사훈보다 자세하게 내용을 적고 이해하기 쉽게 작성한다.

아래는 가족 헌장의 목적과 내용에 들어갈 것을 적은 것이다. 이는 가업 승계 시 가족 헌장의 중심 내용이지만 일반 가정에서는 가족들의 경우로 단순화시켜 참조하여 작성하면 된다. 즉 가족의 미션과 비전, 우리 가족 모두가 바라는 목표, 우리 가족에게 만약의 경우 발생하게 되는 문제를 해결하기 위한 방법, 우리 가족이 다음 세대에게 물려주어야 할 가치 등등이다. 일반 법인은 정관을 강화하면 '헌장'의 의미를 내포할 수도 있는 방법이 된다고 생각한다.

아래는 『100년 기업을 위한 승계 전략』(김선화 지음, 쌤앤파커스, 2013)

의 일반 가정이 아닌 가족 기업의 헌장을 위한 참고 내용을 발췌한 것이다. 일반 가정은 각 가정에 맞게 다양한 형태로 작성하면 된다.

가족 헌장을 만드는 것은 기업과 가족을 보호하고 강화하기 위한 중요한 단계

· 가족 헌장 공통의 목적

- 가족의 미션, 가치, 원칙 문서화

- 사업 전략과 장단기 목표, 개요 명문화

- 가족 간 잠재적 갈등 예방, 분쟁 발생 시 해결 방법과 과정 규정

- 가족, 주주 이사의 책임과 권한 규정

- 가족위원회, 주주협의회, 이사회 등 역할과 구성, 권력 관계를 규정한다

· 이사회 등 지배 기구에 대한 행동 규칙과 구성 요소

- 가족회의, 가족위원회 등 가족 기구에 대한 운영 규정

- 리더십과 승계 계획 등 가족 문제에 대한 가이드라인

- 가족의 고용과 보상, 평가, 해직 같은 가족 고용 정책

- 지배 기구 구성원과 관리자 임명, 능력 개발, 평가 및 해고 관련 규정

- 가족과 기업 간의 커뮤니케이션 정책

- 가족 구성원 간 분쟁 해결 절차

- 주주의 권리와 의무 및 주식을 보유한 가족 간의 배당 정책 등 오너십 관련 조항

- 주주 간 주식 매매 절차 및 규정

– 기업의 매도 및 출구 전략에 관한 가이드라인

– 가족에 대한 재정적 지원 정책

– 가족이 아닌 사람의 소유권 보유 여부와 관련 정책

운동회의 하이라이트 이어달리기! 그 환호성을 생각하면 왠지 기분이 좋다. 그런 행복함을 느끼며 매일을 살아가면 좋겠다.

가족 상담을 하면서 행복한 가정은 그 가정만의 가치와 질서가 구성원들에게 스며들어 있었다. 유언장을 작성하고 가족 헌장을 준비하는 것은 가족 단결을 놓치지 않고 뜻을 이어가고자 하는 각고의 노력이다. 배려와 사랑을 위해 만드는 소중한 산물이라는 말이다.

아름다운 상속, 그 마무리를 위하여

상속세만 바라보면 상속의 중요성은 간과하기 쉽다. 상속세는 부수적인 것이며 '상속'이 주인공이다. 상속세가 없는 나라도 있고 상속세를 낮추는 세계적인 분위기지만 우리나라는 상황이 많이 다르다. 먼 훗날 우리나라도 상속세가 폐지될 수 있을 것이다. 향후 상속세가 폐지된다면 우리의 상속 가치는 없어진단 말인가.

상속은 우리 삶의 본질이다. 태어나서 부모의 모습을 보고 닮아가고 가정을 꾸린 후부터는 자신도 모르게 배운 모든 것을 전수해주게 된다. 이렇게 전수된 모든 상속의 형태가 필요에 따라서는 의도적으로 거듭나고 더 좋게 발전되어 긍정적인 변화로 발전되어야 할 필요성은 있다.

우리 부모 세대는 삶의 여유보다 우리를 어떻게 키우느냐의 생존 문제에 모든 것을 집중한 세대다. 세련되지는 않았지만 치열한 삶의 모습으로 우리들의 거울이 되었다.

부모로부터 이어받은 소중한 것 위에 여러 가지를 추가하고 강화해 함께하는 가족이 되었으면 한다. 그리고 이웃에 대한 사랑을 쌓아 올리려 노력하는 가족이 되었으면 한다. 진정한 상속의 가치를 배가시키는 노력의 주체는 바로 각 가정의 리더에게 있음을 잊지 말자.

향후 수십 년이 흘러 이 세상에 내가 없는 그날을 생각하며 이 책을 써 내려갔다. 형태는 다르지만 두 딸에게 하고 싶은 말, 앞으로도 기억해주고 활용해주었으면 하는 유언의 일종으로 이 책을 서술한 것이다.

독자 여러분은 가족 관계의 소중함을 잃어버리지 않도록 잘 구성하여 물려주기를 바란다. "자산이 아무리 많아도 3대 가기 힘들다"는 말을 되새겼으면 한다. 바로 정신 상속, 즉 소중한 재산을 바라보는 가치관을 중요시한 인생 선배들의 진솔한 경험에서 우러나온 증언이다. 균형 있는 상속, 이왕이면 빼앗길 수 없는 정신적인 숭고한 부의 이전이 잘 계승되기를 응원한다.

이 책을 읽은 독자 중 "나는 재산도 없고 물려줄 것이 없어"라고 말할 사람은 아무도 없을 것이라고 감히 자신한다. 왜냐하면 어머니가 나에게 물려준, 지금도 나에게 큰 힘이 되어주는 '자존감'이라는 상속재산을 알게 되었을 테니 말이다.

끝으로 사랑하는 두 딸이 이 책을 통해 부모가 무엇을 계승해주려고 노력했는지 이해하기를 바란다. 향후 행복한 가정을 이루고 그다음 세대에게도 풍성하게 잘 이어가기를 바라는 마음이다.

모두의 행복을 응원하며 나에게 완전한 사랑을 상속해주신 하나님께 감사드린다.

증여·상속 관련 용어 모음

과세 표준 세금을 계산하기 위한 기초가 되는 금액.

금융 계좌 정보 교환 정책CRS 홍콩은 관련된 나라들과의 금융 계좌 잔고 정보를 교환하는 것을 실시하고 있다. 우리나라는 2017년 7월 1일부터 홍콩과 금융 계좌 잔고를 공유 중.

기여분 공동상속인 가운데 피상속인의 재산의 유지 또는 증가에 관하여 특별히 기여(동거, 부양, 간호 등)한 사람이 있을 경우에 이를 상속분의 산정에 가산해주는 제도.

대습상속 재산 상속에 있어 제1순위자인 직계 비속이나 제3순위자인 형제자매(피대습인)가 상속 개시 전에 사망 또는 결격된 경우에 사망하거나 결격된 사람의 순위에 갈음하여 피대습인의 직계 비속 또는 배우자가 상속인이 되는 제도.

물납 상속 재산 중 부동산과 유가 증권이 차지하는 비율이 50%가 넘고 상속세가 2,000만 원을 초과하는 경우에 세무서장의 허가를 받아 당해 부동산이나 유가 증권을 세금 대신 납부하는 것.

부담부 증여 증여를 받는 사람이 증여 재산에 딸린 채무를 부담하거나 인수하는 것.

사망 개시일 사망일 또는 실종 선고일.

상속 일정한 친족 관계가 있는 사람 사이에 한쪽이 사망하거나 법률상의 원인이 발생했을 때 재산적 또는 친족적 권리와 의무를 포괄적으로 계승하는 제도.

상속의 개시 어떤 사람이 죽음으로 인해 그가 가졌던 모든 재산이 만들어낸 법률관계(채권이나 채무 등)를 이어받는 과정이 시작되는 것. 시간적으로는 사망하는 그 순간이 상속의 개시점.

상속인 재산을 상속받을 사람.

상속 재산 피상속인이 상속인에게 상속해주는 모든 재산.

세대 생략 증여 할아버지가 손자에게 증여하는 것처럼 세대를 건너뛰어 직계 비속에게 재산을 물려주는 증여 방식.

세무 검증제 고소득 전문직의 소득세 신고 시 세무사에게 장부 기장 내용의 정확성 여부 및 수입 금액 누락, 가공 경비 계상을 통한 소득 탈루 여부를 검증받도록 의무화한 제도.

수증자 증여를 받는 사람.

신탁 신뢰할 수 있는 자로 하여금 일정한 목적에 따라 재산을 관리, 처분하도록 하기 위하여 재산을 이전시키는 것.

유류분 제도 일정한 상속인을 위해 법률상 유보된 상속 재산의 일정 부분. 피상속인은 유언(또는 증여)에 의하여 재산을 자유로이 처분할 수 있지만, 일정한 범위의 유족에게 일정액을 유보해두지 않으면 안 되며, 그 한도를 넘는 유증이나 증여가 있을 때 그 상속인은 반환을 청구할 수 있게 한 제도.

유증 유언에 의한 증여.

증여 당사자의 일방이 재산을 무상으로 상대방(친족 또는 타인)에게 수여하는

의사를 표시하고 상대방이 이를 승낙하여 성립하는 낙성諾成·무상無償·편무
片務의 계약. 상속은 사망 후이며 증여는 살아서 푸는 것.

증여세 타인으로부터 재산을 무상으로 취득하는 경우, 취득한 자에게 증여
받은 재산가액에 대해 부과하는 조세.

증여의제 증여에 해당하지 않는 일정한 거래나 사건을 법률에 의해 증여로
취급하는 경우.

증여자 증여하는 사람.

증여 재산 공제 가족이나 친족 간에 증여를 하게 되는 경우, 일정 금액을 공
제하여 증여세를 내지 않도록 해주는 것.

직계 비속直系卑屬 본인부터 아래 자손의 계열에 있는 아들과 손자 등으로 나
로부터 출산된 아래의 아들, 딸, 손자, 손녀, 증손녀, 증손자. 직계 존속의 상대
개념.

직계 존속直系尊屬 본인부터 위의 계열에 있는 이들. 즉 부모, 할머니, 할아버
지, 증조할머니, 증조할아버지가 해당.

피상속인 사망한 사람 또는 실종 신고받은 사람.

ICAS국제 거래 세원 통합 분석 시스템 시스템 국제 거래 분야의 분석 역량을 한층 강
화하기 위하여 구축, 가동한 시스템. 국제 공조 강화를 통해 역외 금융 자산
및 역외 탈세 파악, 과세 정보 교환 네트워크.

PCI System소득 지출 분석 시스템 2010년 개발. 재산Property, 소비Consumption, 소
득Income의 3가지 요소를 분석하는 시스템.

TISTax Integration System **국세 통합 시스템** 국세청이 납세자가 제출하는 각종
과세 자료를 수집·축적하고, 이를 근거로 과세 활동을 하기 위해 운영하는
전산 시스템. 개인의 소득과 재산 보유 현황 등이 모두 축적되어 관리됨.

상속 개시 후 절차 및 상속세 신고 안내

[1] 상속 개시(사망) 1개월 내: 사망 신고

구분	내용	비고
기한	사망 사실을 안 날로부터 1개월 이내 (상속 개시 후 1개월 내) • 방문 및 우편 가능(신청 양식 민원24) • 비용 없음	• 접수 후 7~10일 내 주민등록 말소
기관	시, 군, 구, 읍, 면, 동 및 피상속인 주민센터 모두 가능	• 비거주자는 출입국관리사무소 (여권 또는 외국인등록증사본) • 사망 신고하면서 안심상속원스톱 서비스 신청하면 편리
준비 서류	① 사망 신고서 ② 사망 진단서 또는 사체 검안서 (병원 또는 경찰서) ③ 신고인 신분증 지참 ④ 사망자의 가족 관계 관련 증명서 (가족 관계 등록 관서에서 전산 정보로 확인이 가능한 경우: 제출 생략)	–
챙길 서류	장례 비용, 장지(납골) 비용 관련 영수증	장례식장 및 관련 업체로부터 수령

[2] 3개월 내: 상속 재산 관련 업무(법무사, 세무사)

구분	내용	비고
3개월 내 승인 여부를 결정: 최종 3개월 이므로 이전의 조속한 판단 필요	• 상속 포기, 한정 승인 여부를 판단하여 피상속인 주소 관할 가정법원에 심판 청구	• 3개월 내 진행하지 않으면 단순 승인으로 자동 인정되므로 빠른 파악과 결정해야 함 • 한정 승인 심판 청구서에 상속 재산 목록 제출(허위 기록 시 효력 상실, 누락 없도록 주의)
	피상속인의 부동산 파악	• 파악 신청 가능자: 상속인(1순위: 피상속인의 직계 비속과 배우자, 1순위 없는 경우 2순위: 상속인 직계 존속과 사망자의 배우자) • 국토해양부 국토정보센터 • 시군구 지적 부서에서도 확인 가능(가족 관계 증명서 또는 피상속인의 제적 등본, 방문자 신분증 지참, 접수 즉시 확인 가능) ···→ 등기 사항 전부 증명서 발급받아 등기 내용도 확인
	피상속인의 금융 재산 파악 (각종 예금, 보험 계약, 예탁 증권 및 피상속인 명의의 금융 자산, 자동차 소유, 국세 관련, 지방세 관련, 국민연금, 군인연금 유무와 국민연금·공무원연금·사립학교 교직원연금 대여금 유무, 금융권 대출, 신용 카드 사용, 지급 보증 등 우발 채무, 피상속인 명의의 모든 부채, 보관 금품 등 확인 가능, 사금융 및 개인 사채는 조회 불가)	① 시군구읍면 등 주민센터에 '안심상속원 스톱서비스' 신청 • 사망 신고하면서 동시에 신청 • 신청 자격: 제1순위(직계 비속, 배우자), 제2순위(직계 존속, 배우자) 상속인 ② www.gov.kr에서도 신청 가능(인증서 필요) ③ 금융감독원 본·지점(금융민원센터) 방문, 국민은행 각 지점, 삼성생명 고객프라자, 농협중앙회, 우리은행 등 가능(상속인 신분증, 사망 진단서, 가족 관계 증명 서류 지참) • 신청 후 금융감독원 홈페이지http://www.fss.or.kr에서 일괄 확인 가능 • 위의 ①②③ 중 신청: 신청하면서 확인 방법 선택 가능(문자, 우편, 메일, 문서, 방문 등) • 신청 후 모든 내용 20일 내 확인 가능 • 기타 방법으로도 확인할 수 있는 금융 재산은 모두 확인
	자동차 이전 등록	상속인 주소 관할 차량등록사업소
	보험금 및 사망 일시금, 유족연금 신청	보험 회사 및 국민연금공단

[3] 6개월 내: 분할 및 상속세 신고(법무사, 세무사)

구분	내용	비고
유언장	유언 증서 확인 및 분할	–
재산 분할 방법 결정	① 유언 증서 확인 및 분할 ② 법정 상속 비율 다르게 협의한 분할의 경우: '상속 재산 분할 협의서' 작성	6개월 내는 분할 완료되어야 하며 이후는 증여로 과세 대상이니 반드시 6개월 내에 완료해야 함
분할 후 등기 절차	① 상속인별 부동산 소유권 이전 등기 ② 등기 후 취득세 및 등록 면허세 신고 납부 ③ 상속세 신고 납부	① 상속인의 주소지 관할 등기소 ② 재산 소재지 시군구청 ③ 세무서(6개월 지나면 가산세) 상속 부동산 등기 시 준비 서류 •피상속인: 재적 등본 1부, 원적지 재적 등본 1부(원적이 있는 경우), 말소자 초본 1부, 혼인 관계 증명서 1부 •상속인 전원의 가족 관계 증명서, 주민등록 초본, 기본 증명서, 입양 관계(해당 시) 증명서 각 1부, 상속인 전원의 인감 도장 및 인감 증명서 1부 •상속 재산 분할 협의서
세율 및 비용	① 취득세: 농지 2.3%, 농지 외 2.8%, 선박 2.5% ② 농어촌 특별세: 취득세의 10% 별도 ③ 등기 업무 수수료 ④ 1가구 1주택 및 부수 토지 취득(상속인이 무주택인 경우): 0.8% ⑤ 1가구 1주택 아니거나 농지 제외한 부동산 취득: 2.8% ⑥ 부동산 이외의 자산 취득: 2~7%	
상속세 신고	국내 거주자 •기한: 상속 개시일이 속하는 달의 말일부터 6개월 이내 •기한 피상속인이나 상속인이 외국 주소인 경우 기한: 상속 개시일이 속하는 달의 말일부터 9개월 이내	•상속 재산 소재지 관할 세무서장이 과세하고 상속 재산이 둘 이상의 세무서장의 관할 구역이 있는 경우 주된 재산의 소재지 관할 세무서
상속 재산	위에 안내한 피상속인의 금융 재산 + 부동산 보유 현황 파악하여 합산	

준비 서류	① 피상속인의 가족 관계 증명서 1부 ② 사망 진단서 등 사본 1부 ③ 상속인 전원의 기본 증명서, 주민등록 초본 각 1부 ④ 상속 재산 현황 서류 • 사망일 현재의 금융 재산 잔액 증명서 • 부동산 등기부 등본, 토지 대장, 건축물 대장 등(금양 임야, 묘토 관련 사진, 사실 확인서 등) • 개별 공시 지가 확인원, 주택 고시 가격 확인원 • 기타 재산 입증 서류(임차 계약서, 자동차 등록증, 보험 관계 서류, 각종 권리증, 회원권 등) • 피상속인의 보유 주식, 채권 내역서(잔고 증명서 등) • 피상속인의 퇴직 소득 원천 징수 영수증 <hr>① 피상속인의 채무 입증 서류(부채 증명서, 임대 계약서 등) ② 피상속인의 공과금 부담 내역서(공과금 납부 영수증 등) ③ 장례 비용(장례식장 영수증, 봉안 시설 사용권 계약서 등) ④ 과거 10년 내 증여받은 재산 내역(증여세 신고서 및 납부 영수증) ⑤ 상속 개시 전 2년 내 처분 재산 및 부담 채무 내역 ⑥ 피상속인의 과거 10년치 금융 거래 내역(통장 사본, 입출금 내역 등을 은행에 발급 요청) ⑦ 각종 상속 공제 입증에 필요한 서류(기업 상속, 영농 상속, 장애인 증명 서류 등)

· 비용이 들더라도 상속 관련 업무는 세무사, 법무사 등 관련 업무 전문가의 도움을 받는다.

**하루 10분
재테크 공부로
돈이 붙는
체질 만들기**

부자근육을 키워라

백승혜 지음 | 13,800원

**평범한 당신도 하루 10분 재테크 공부만으로
부자근육 키워 부자 되는 6단계 트레이닝!**

부자가 되고 싶은 마음은 굴뚝같은데 한 번도 계획을 지키지 못하는 이유는
뭘까? 바로 '기본기'가 없기 때문이다. 계획을 끝까지 밀어붙이고 부자가 되
려면 재테크 '기술'을 익히기에 앞서 어떤 지식과 정보도 돈 되는 정보로 바꿔
주는 '부자근육'을 가지고 있어야 한다.

《부자근육을 키워라》는 하루 10분 틈틈이 하는 재테크 공부만으로 부자근육
만드는 법을 6단계로 제시한다. 부자가 되고 싶은 열망만 있고 시도는 해보
지 못했거나 무엇부터 시작해야 할지 모르는 사람, 재테크를 시작했다가도
금방 포기하는 사람이라면 이 책을 통해 탄탄한 내공을 다질 수 있을 것이다.

**돈 걱정 없이
사는 우리 집
재테크 노하우!**

내 가족을 위한 돈공부

이재하 지음 | 13,800원

**"당신이 돈 공부를 시작하면, 가정과 자녀의 미래가 달라진다!"
주식, 부동산으로 재테크 달인이 된 세 아이 아빠 이야기**

보험사의 FC이기도 한 저자는 수많은 부자를 직접 만났고, 또 금융상품을 알
아보러 온 부자가 되고 싶어하는 수많은 평범한 사람도 만나봤다. 그러자 부
자는 왜 부자가 되었고, 가난한 사람은 왜 가난한지 알게 되었다. 그 차이는
오직 돈에 대한 원칙이 있느냐에서 비롯되었다.

저자는 특히 평범한 사람은 부자가 될 수 없다는 비관론에 속지 말 것을 당부
하며, 누구나 적은 돈으로 시작할 수 있는 부동산, 금융상품, 보험, 주식 등
돈이 돈을 불리는 시스템에 대해서 기초부터 차근차근 설명해준다. 특히 이
책의 꽃은 자녀에게 어떻게 돈에 대해 가르치고, 가족이 돈 공부를 공유할 것
인지를 알려주는 부분일 것이다.

5할 타율
유지하는 안전한
주식투자법!

난생처음 주식투자

이재웅 지음 | 13,800원

'판단력'만 있으면 주식 투자 절대 실패하지 않는다!
차트보다 정확한 기업 분석으로 적금처럼 쌓이는 주식 투자법!

쪽박에 쪽박을 거듭하던 저자가 전문 주식 투자자가 되기까지! 저자가 터득한 가장 효과적인 공부법과 이를 바탕으로 실전에서 활용할 수 있는 효과적인 투자 노하우를 담은 책이다. 1장에는 저자의 생생한 투자 실패담과 많은 주식 투자자들이 실패하는 이유에 대해, 2장에는 주식 투자에 밑바탕이 되는 기본 지식 공부법과 습관에 대해 설명한다. 그리고 3장부터 본격적으로 주식 투자에 필요한 용어 설명, 공시 보는 법, 손익계산서 계산법, 재무제표 분석법, 사업계획서 읽는 법, 기업의 적정 주가 구하는 법 등 투자에 필요한 실질적인 노하우를 6장까지 소개하고 있다. 마지막 부록에는 저자가 실제 투자를 위해 분석한 기업 7곳의 투자노트가 담겨 있다.

내 가족을 위한
평생 재테크로
부자 되기!

10배 경매

임경민 지음 | 16,000원

17년간 부동산 경매에 올인한 경매의 신이 알려주는
바로 벌고, 많이 벌고, 평생 버는 경매 투자 노하우!

대한민국에서는 자신의 집과 30억 원의 재산이 있어야 겨우 '부자' 소리를 들을 수 있다. 한 달에 100만 원씩 저축해도 250년이 걸리는 액수다. 결국, 월급만으로는 부자가 될 수 없다. 그렇다면 평범한 사람이, 빨리 부자가 될 수는 없을까? 임경민 저자는 '부동산 경매야말로 가장 쉽고, 안전하며, 수익률이 좋은 투자'라고 말한다. 온갖 투자를 섭렵한 그가 최종으로 택한 것이 바로 '부동산 경매'다. 특히 그는 "수십 채로 월세를 받는 것보다, 단기임대 후 매매하는 것이 훨씬 안전하고 수익률도 좋다"고 주장한다. 책에는 꼭 필요한 경매 지식과 수익 올리는 노하우가 가득하다. 특히, 투자금 대비 10배가 넘는 수익을 수차례 올린 저자의 실제 사례들이 낱낱이 공개되어 있다.